NANTES
ET LA CÔTE ATLANTIQUE

Bienvenue à Nantes, cité complètement à l'ouest ! Régulièrement en tête des classements des villes où il fait bon vivre, Nantes est une capitale culturelle audacieuse qui recèle bien des surprises : œuvres d'art monumentales en pleine rue, musées originaux, richesses historiques, friches industrielles reconverties en pôle culturel… La cité des ducs de Bretagne charme et étonne, à l'image de son Grand Éléphant, qui semble tout droit sorti d'un roman de Jules Verne !

Partez à la découverte de cette ville verte à taille humaine, puis poursuivez votre route vers un littoral à la beauté romantique, entre plages de sable fin et rochers sertis de criques sauvages, ou bien vers un vignoble aux trésors méconnus…

Quai de la Fosse à Nantes

LES INCONTOURNABLES

Passage Pommeraye

L'iconique passage couvert du XIXe s. est un régal pour les yeux, avec son majestueux escalier et ses trois étages ornés de statues. Une vraie star, présente dans trois films de Jacques Demy. **Voir p. 23.**

Les Machines de l'île

L'attraction-phare de Nantes ! Émerveillement garanti devant les extraordinaires animaux mécaniques et fantasmagoriques, que vous embarquiez à bord du Grand Éléphant ou du Carrousel des Mondes marins ! **Voir p. 55.**

La Cigale

Inaugurée en 1895, la plus belle brasserie de Nantes vous subjuguera par sa décoration Art nouveau. **Voir p. 21.**

Tour LU

Vestige de la biscuiterie Lefèvre-Utile, la tour LU, chef-d'œuvre d'Art nouveau, est désormais l'emblème du Lieu unique, structure protéiforme dédiée à l'art contemporain. **Voir p. 41.**

Château des ducs de Bretagne

Très bien conservé, il fut autrefois la demeure d'Anne de Bretagne, future reine de France. Il abrite aujourd'hui le passionnant musée d'Histoire de Nantes. Depuis ses remparts, joli panorama sur la ville. **Voir p. 40.**

Musée d'Arts de Nantes

Il compte des chefs-d'œuvre de tout premier plan (Georges de La Tour, Courbet, Ingres, Sisley, Kandinsky…), superbement exposés dans les lumineux espaces réaménagés en 2017. **Voir p. 82.**

Les bords de l'Erdre

Une rivière propice aux balades bucoliques, à pied, vélo ou en bateau. Elle éta considérée par François Ier comme la plus belle de France. Ne manquez surto pas, sur l'île de Versailles, le Jardin japonais, havre de paix au milieu de la ville. **Voir p. 84.**

Sous-marin « Espadon »

Une expérience inoubliable : arpenter les étroites coursives du premier sous-marin français à avoir plongé sous la banquise. Après cela, la vie de sous-marinier n'aura plus de secret pour vous ! **Voir p. 98.**

Escal'Atlantic

Nichée dans la base sous-marine de Saint-Nazaire, ce attraction met à l'honneur les paquebots transatlantiq issus des chantiers navals de la ville, à travers une scénographie immersive. Passionnant ! **Voir p. 100.**

Jardin des plantes

Avec plus de 10 000 espèces végétales dont 600 variétés de camélias, ce « jardin remarquable » agrémenté d'installations poétiques ravira tous les amoureux de nature. **Voir p. 80.**

Clisson

À 36 km de Nantes, la ville de Clisson, joyau du vignoble nantais, surprend aussi par le style italianisant de son architecture. Une escale incontournable, à la fois pittoresque et romantique. **Voir p. 136.**

Le Croisic et la côte sauvage

Vous rêvez de voir l'océan s'écraser sur les rochers et de sentir les embruns brumiser votre visage ? Alors direction la côte sauvage et son littoral ciselé par les eaux, qui porte si bien son nom. **Voir p. 110.**

EXPÉRIENCES UNIQUES

Dompter des créatures fantasmagoriques

Il n'y a vraiment qu'à Nantes que l'on peut chevaucher un pachyderme de 12 m de haut ou piloter un serpent de mer ! Que vous optiez pour le Grand Éléphant ou les créatures du Carrousel des Mondes marins, une chose est sûre : vous serez ébloui par les **Machines de l'île** !

Voir p. 55.

Boire un verre dans un glaçon

L'un des meilleurs spots où chiller : **L'Absence**, bar-œuvre d'art de l'Atelier Van Lieshout installé sur les quais de Loire, avec son intérieur cosy et sa terrasse tournée vers le fleuve.

Voir p. 63 et 96.

Déguster des huîtres au marché de Talensac

C'est une tradition locale : chaque matin, du mardi au dimanche, vous pouvez vous procurer des huîtres de première fraîcheur au marché de Talensac, dans le centre de Nantes, puis les déguster en terrasse dans les bars environnants, arrosées d'un verre de muscadet. Santé !

Voir p. 152.

Admirer les couleurs des marais salants

C'est au crépuscule que les fameux marais salants guérandais sont les plus beaux. Scintillant sous les derniers rayons du soleil, ils prennent alors les teintes du couchant, or, rose et rouge. Romantique à souhait !
Voir p. 119 et 123.

Dormir dans une péniche

Pour profiter au plus près de l'Erdre, la « plus belle rivière de France », optez pour une nuit sur **Le Dô**, ancien bateau-mouche des années 1930 customisé par une artiste contemporaine. Atypique !
Voir p. 89.

Apprendre à cuisiner les algues

Trésor de nos côtes, les algues ont trouvé le chemin de nos assiettes et sont aujourd'hui tendance. Apprenez à reconnaître nori, laitue de mer, dulse... au cours des ateliers cueillette et cuisine proposés par la ferme marine Les Jardins de la mer.
Voir p. 115.

Plonger dans l'histoire à bord d'un vrai sous-marin

Ce n'est pas tous les jours que l'on peut arpenter les coursives d'un vrai sous-marin entièrement équipé. L'***Espadon***, situé à Saint-Nazaire, est d'ailleurs le seul sous-marin à flot visitable en France.
Voir p. 98.

Découvrir la côte sur un voilier

Voguez sur une embarcation de charme le temps de quelques heures ou d'une journée pour admirer le littoral atlantique, avec sa côte découpée entre rochers et plages de sable fin. Magique !
Voir p. 132.

Louer une pêcherie pour l'apéro

Emblématiques du littoral de Loire-Atlantique, les pêcheries sont des cabanes de pêcheurs traditionnelles surplombant l'océan. À louer pour l'apéro, pour une inoubliable soirée en famille ou entre amis !
Voir p. 105.

Participer à une *murder party* dans un château

Chaque année, de juin à octobre, le programme des Caves étonNantes vous emmène à la découverte du **vignoble nantais** à travers des animations insolites : randonnée-dégustation, chasse au trésor ou encore *murder party* façon Cluedo géant…
Voir p. 143.

NOS ADRESSES COUPS DE CŒUR

Adresses gourmandes, bars branchés ou intimistes, boutiques originales, voici la sélection 100 % locale de notre auteure.

Sugar Blue Café

Mon endroit préféré à Nantes pour manger sur le pouce le midi ou se poser en journée devant un *chaï latte* et une belle part de *carrot cake*. Le lieu est cosy, la nourriture, délicieuse.

À Nantes, quartier 1 p. 30.

Paola, le Clan des Mamma

Sugar Blue Café

Pickles

Quand un chef britannique revisite la cuisine française, cela donne des plats à la fois étonnants et exquis !

À Nantes, quartier 2 p. 45.

Paola - Le Clan des Mamma

Après un tour aux Machines de l'île ou avant un concert à la salle Stereolux, j'adore dîner chez Paola qui mitonne de bons plats italiens. Mon péché mignon ? La *burrata al tartufo*... À se damner !

À Nantes, quartier 3 p. 62.

Little Atlantique Brewery

Tribü

Cette charmante boutique rassemble les bijoux, accessoires et objets de décoration originaux d'une trentaine de créateurs locaux. Impossible d'en ressortir les mains vides !

À Nantes, quartier 2 p. 48.

La Fraiseraie

Passage obligé chez ce glacier lors de chaque balade sur la côte pour longer le vieux port de Pornic en dégustant un délicieux sorbet !

À Pornic, visite 9 p. 127.

Little Atlantique Brewery

Le spot branché pour finir une belle soirée d'été : des bières brassées sur place, une ambiance conviviale, la vue sur la Loire… Tout y est !

À Nantes, quartier 4 p. 76.

Hôtel de la Plage

J'aime me prendre pour Monsieur Hulot en séjournant dans cet hôtel mythique, posé sur la jolie plage de Saint-Marc-sur-Mer…

À Saint-Nazaire, visite 6 p. 104.

Tribü

Hôtel de la Plage

UN GRAND WEEK-END SUR MESURE À NANTES

Suivez notre programme pour ne rien rater des incontournables de Nantes et de ses environs. Nous avons découpé le guide en cinq quartiers pour Nantes et cinq visites pour sa région (la côte et le vignoble). Les propositions ci-après seront donc à moduler en fonction de vos centres d'intérêt et du temps dont vous disposez.

J1

Matin

Rendez-vous **place Graslin** pour un café ou un petit-déjeuner dans la brasserie Art nouveau **La Cigale**. Descendez ensuite la très chic **rue Crébillon** jusqu'au superbe **passage Pommeraye** (**quartier 1**).

Midi

Poursuivez la balade dans les rues médiévales du **quartier Bouffay** et déjeunez dans l'un des innombrables restaurants de sa place centrale (**quartier 2**).

Après-midi

Attardez-vous dans les boutiques du Bouffay ou bien partez à la découverte de la **cathédrale** gothique. Rejoignez ensuite l'imposant **château des ducs de Bretagne** pour faire le tour des remparts et visiter le musée d'Histoire de Nantes (**quartier 2**).

Soir

Allez boire un verre sur l'une des péniches du **canal Saint-Félix** (encadré p. 48), puis faites halte au **Lieu unique** pour admirer sa tour, chef-d'œuvre Art nouveau, voir une expo ou assiter à un concert, puis y dîner (**quartier 2**).

J2

Matin

Depuis la **place du Commerce**, rejoignez la Loire et longez-la par le quai de la Fosse jusqu'au **Mémorial de l'abolition de l'esclavage** (**quartier 1**). Traversez le fleuve et gagnez les **Machines de l'île** : visitez la **Galerie des Machines,** puis suivez l'éléphant dans son circuit sur l'île. Pour un surcroît de magie, effectuez un tour de **Carrousel des Mondes marins** (**quartier 3**).

Midi

Suivez les **quais de l'île de Nantes** jusqu'à la pointe ouest pour prendre le Navibus jusqu'au **Bas-Chantenay** (**quartier 4**). Déjeunez avec vue sur la Loire en goûtant une bière locale à la Little Atlantique Brewery (p. 76).

Conseils

- Réservez vos visites de la **Galerie des Machines** et du **Carrousel des Mondes marins** avant votre venue (il existe un billet combiné pour les deux).
- Pensez aussi à consulter les horaires des **Navibus** à l'avance.

Façade de la cathédrale de Nantes

Après-midi

Baladez-vous dans le **Jardin extraordinaire**, puis montez les escaliers pour contempler la vue depuis le **belvédère de l'Hermitage** (quartier 4).

Soir

Prenez le Navibus à l'arrêt Gare maritime pour traverser la Loire et dînez sur le port de **Trentemoult**, ancien village de pêcheurs aux maisons de toutes les couleurs (**quartier 4**).

J3

Matin

Flânez dans les allées verdoyantes du **Jardin des plantes** pour admirer les œuvres poétiques disséminées dans ses parterres et ses chemins ainsi que ses 600 variétés de camélias, la fleur emblématique de Nantes (**quartier 5**).

Midi

Déjeunez au café de l'Orangerie (p. 87), en plein cœur du Jardin des plantes, ou bien au plus cossu café du Musée (p. 87).

Après-midi

Explorez les collections classiques et contemporaines du **musée d'Arts**. Rejoignez ensuite les **bords de l'Erdre**, puis traversez le pont jusqu'à l'**île de Versailles** pour vous ressourcer au Jardin japonais (**quartier 5**).

Soir

Profitez de la douceur de la rivière pour dîner de tapas sur une péniche à quai, ou bien laissez-vous tenter par un dîner-croisière sur les Bateaux nantais (**quartier 5**).

SI VOUS PROLONGEZ VOTRE SÉJOUR

À moins d'1h de Nantes, les plages ! Ou bien, à l'opposé, le vignoble et ses trésors... Entre farniente et œnotourisme, à vous de choisir !

La Côte d'Amour et Guérande

Visites 6 à 8

Matin

Direction **Saint-Nazaire** et sa promenade du front de mer pour admirer l'océan avant d'aller visiter Escal'Atlantic et le sous-marin *Espadon* (**visite 6**).

Midi

Rendez-vous dans la cité fortifiée de **Guérande** pour flâner dans ses rues pavées, entre boutiques d'artistes et de créateurs, et y dénicher une crêperie traditionnelle pour le déjeuner (**visite 8**).

Après-midi

Coupez à travers les **marais salants** (**visite 8**) pour arriver au **Pouliguen**. Après une balade sur les quais du **Croisic**, chaussez vos baskets en vue d'une randonnée sur le sentier des douaniers, qui longe la **côte sauvage** (**visite 7**).

Soir

Après cette marche, direction la plage ! Optez pour les criques de **Piriac-sur-Mer** ou bien pour la **baie de la Baule** et son sable fin, où vous pourrez finir la journée en sirotant un verre à même la plage.

Balade à vélo près du Croisic

Conseil

À Saint-Nazaire, comptez 1h30 pour la visite d'**Escal'Atlantic** et 40 min pour celle du **sous-marin *Espadon***. Ces deux visites sont couvertes. Réservez-les avant votre venue, car elles sont très prisées (voir encadré p. 100).

Pointe Saint-Gildas à Préfailles

La Côte de Jade
Visite 9

Matin

Commencez par aller saluer la sculpture monumentale du *Serpent d'océan* sur la plage de **Saint-Brevin**. Gagnez ensuite la **pointe Saint-Gildas** afin de prendre un grand bol d'air en explorant les sentiers de la réserve naturelle régionale.

Midi

Rejoignez **Pornic** et déjeunez dans l'un des restaurants du vieux port avec vue sur les gréements.

Après-midi et soir

Poursuivez votre exploration des ruelles du vieux Pornic, puis longez à pied le **sentier côtier** via la corniche de Gourmalon pour rejoindre la **plage de la Source**, où vous pourrez vous détendre et jouer dans les vagues.

À deux pas de la plage, dînez parmi les pêcheries à la crêperie de la Source (p. 130), où vous jouirez d'une vue dégagée sur l'océan.

Le vignoble
Visite 10

Matin et midi

Faites connaissance avec le muscadet au **musée du Vignoble** au Pallet et poursuivez par une **dégustation** dans une cave.

Flânez ensuite dans les ruelles de **Clisson**, la belle « Italienne », puis déjeunez dans l'un des restaurants surplombant la **Sèvre Nantaise**.

Après-midi et soir

À Clisson toujours, ressourcez-vous en arpentant le **domaine de la Garenne-Lemot**, conçu pour inspirer les artistes, puis achevez votre découverte des vins locaux par un verre accompagné de fromage dans le bar à vins Granit (p. 140).

NANTES EN CINQ QUARTIERS

Le Jardin japonais sur l'île de Versailles

À SAVOIR

Office de tourisme

Nantes Tourisme, 9, rue des États • ☏ 0 892 464 044 (0,35 €/min + prix de l'appel) • nantes-tourisme.com.

Infos visites

Pass

Pass Nantes
Il donne un accès illimité aux transports en commun de l'agglomération nantaise (hors navette aéroport) et aux principaux musées et attractions de Nantes, de Saint-Nazaire et du vignoble, et offre d'autres avantages.

Pass 1, 2, 3 ou 7 jours • Adulte 26-90 €, réduit 18-60 €, famille (2 adultes, 2 enfants) 70-240 € • En vente à l'OT et sur Internet (10 % de réduction) : reservation.nantes-tourisme.com • Infos avantages : nantes-tourisme.com/fr/toute-l-offre-du-pass.

Pass inter-musées
Pour 20 €, accès illimité pendant un an aux **musée d'Histoire de Nantes, musée d'Arts, Muséum d'histoire naturelle, musée Jules-Verne** et au Chronographe (à Rezé).

Pass Musées
Pour 10 €, accès illimité pendant un an à l'un des 5 musées métropolitains du Pass inter-musées, et aux 5 musées pendant Le Voyage à Nantes (juil.-août).

En vente à l'accueil de chacun des musées.

Musées

- Sont fermés le **lundi** : musées d'Histoire de Nantes et Maillé-Brezé ; le **mardi** : musées d'Arts, d'Histoire naturelle et Jules-Verne. Vérifiez les horaires avant de vous déplacer.
- **Nocturne au musée d'Arts** le jeudi jusqu'à 21h.
- Gratuité pour les moins de 18 ans et le 1er dim. de chaque mois hors juil.-août.

Visites guidées thématiques

À pied ou en minibus
Sur résa auprès de l'OT : reservation.nantes-tourisme.com • Durée 2h • Tarifs suivant visite, à partir de 10 € adulte, 6 € enfant ; gratuit Pass Nantes.

Petit train
Départ devant la cathédrale, pl. Saint-Pierre • lepetittraindenantes.com • Durée 40 min • Avr.-sept. t.l.j. dès 10h • Adulte 7 €, enfant 4 € ; gratuit -3 ans et Pass Nantes.

La ligne verte
Suivre la ligne verte du **Voyage à Nantes** tracée au sol permet de découvrir de nombreuses œuvres d'art (p. 36).

À table !

- Le **guide des *Tables de Nantes*** (lestablesnantes.fr), disponible gratuitement auprès de l'office de tourisme, propose une belle sélection de tables locales, pour tous les budgets. De quoi vous mettre l'eau à la bouche !
- Consultez aussi notre **sélection d'adresses** à la fin de chaque visite.

Wifi, appli utile

- Le réseau **Wifi Public Nantes** est accessible gratuitement sans identifiant ni mot de passe dans une grande partie du centre-ville.
- Appli **Nantes dans ma poche**: info trafic, places de parking dispo, horaires (piscines, bibliothèques), séances de ciné…

Se déplacer

Le centre-ville s'explore aisément à pied. Pensez aussi au **Bicloo**, vélo en libre-service (p. 149).

Le réseau de **transports en commun** est agencé en étoile à partir du centre-ville : l'arrêt **Commerce** est à la jonction de nombreuses lignes. Dans l'agglomération nantaise, ils sont gratuits le week-end (réseau Tan, hors navette aéroport). **Voir p. 147**.

Transports en commun nantais : tan.fr et appli Tan : réseau, horaires et tickets dématérialisés (mticket).

Où faire du shopping ?

À Nantes, les boutiques sont rassemblées dans les deux quartiers centraux (quartiers 1 et 2), traversés par le **cours des Cinquante-Otages**. Les plus chics se trouvent **rue Crébillon** (p. 22) et en haut du **passage Pommeraye** (p. 23), les enseignes plus populaires, **rue du Calvaire** et dans les rues adjacentes (p. 25).

Dans le centre historique, le **quartier Bouffay** (p. 43 et 44) compte de nombreuses boutiques spécialisées ainsi que des commerces de bouche.

Où sortir ?

Le **quartier Bouffay** est le lieu de sortie populaire : la place du même nom (p. 44) se transforme en terrasse géante aux beaux jours ; nombreux bars et restaurants sur la place et dans les rues adjacentes.

Les abords de la **place Graslin** (rues Scribe, Suffren, Rameau…), plus chics, sont également très fréquentés en soirée. Enfin, à l'O de l'**île de Nantes**, le **Hangar à bananes** est plébiscité par la jeunesse et les amateurs de clubbing et de musique (p. 60 et 64).

Infos Covid-19 ⚠

Compte tenu du contexte sanitaire, de nombreux sites et adresses sont amenés à restreindre leurs horaires d'ouverture et à s'adapter à la situation. Nous vous recommandons de vérifier les horaires et conditions de visite de chaque lieu et adresse sur leur site Internet ou leur page Facebook.

NANTES CENTRE

1

Cette visite, qui vous emmène de la place Graslin jusqu'à la Loire, est une invitation à flâner dans la partie la plus récente du centre-ville. Places pleines de charme et rues aux immeubles cossus du XVIIIe s. y sont entrecoupées d'artères fonctionnelles datant de l'après-guerre : un double visage qui s'explique par les lourds dégâts subis par Nantes lors des bombardements de la Seconde Guerre mondiale.

La Cigale

1 Place et théâtre Graslin✦✦

Attardez-vous sur cette place, l'une des plus belles de Nantes, pour prendre un verre à La Cigale, jouer avec les jets d'eau et surtout admirer le **théâtre**. Inauguré en 1788, ce monument d'architecture néoclassique impressionne par sa façade ornée de huit colonnes corinthiennes surmontées d'autant de sculptures représentant les muses. L'intérieur de ce théâtre à l'italienne qui compte 784 places assises n'est pas moins somptueux avec ses balcons dorés et ses sièges de velours bleu.

Le théâtre Graslin a vocation à promouvoir l'art lyrique auprès de tous les publics, d'où une programmation ouverte, entre pièces classiques et contemporaines, spectacles accessibles dès 6 ans et ateliers de découverte de l'opéra.

1, pl. Graslin • ☎ 02 40 69 77 18 • angers-nantes-opera.com • Vis. guidées (1h) 4 €, résa sur Internet • Spectacles 10-65 €.

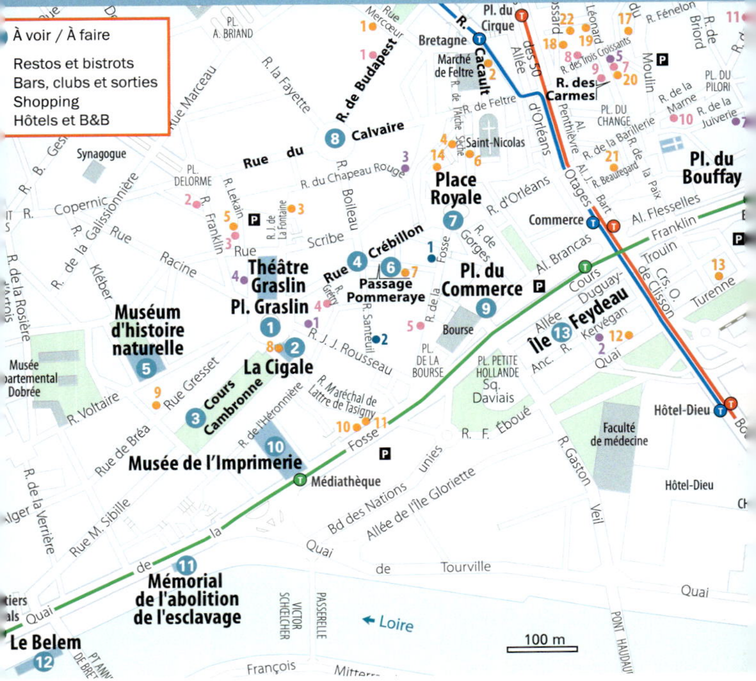

❷ La Cigale✦✦✦

Avec son exubérante décoration Art nouveau, cette brasserie-salon de thé (p. 30) classée monument historique est une véritable icône nantaise ! Conçue par l'architecte et céramiste Émile Libaudière, elle fut inaugurée en 1895. Ne vous contentez pas de son agréable terrasse sur la place Graslin, pourtant très tentante en été, et réservez à l'avance une table à l'intérieur afin de pouvoir admirer à l'envi les faïences aux couleurs lumineuses et les élégantes boiseries. De quoi vous glisser dans la peau d'un grand bourgeois nantais du XIXe s., le temps de déguster un tartare de bœuf au couteau ou un plateau de fruits de mer…

4, pl. Graslin • ☎ 02 51 84 94 94 • lacigale.com • T.l.j. 7h30-0h30.

❸ Cours Cambronne✦✦

C'est la rue la plus chère sur le plateau du Monopoly nantais ! Le cours Cambronne, aménagé en

1791, est une **promenade arborée** bordée d'immeubles cossus dont plusieurs inscrits à l'inventaire des monuments historiques. Idéalement situé, ce parc tout en longueur permet de faire une pause à l'abri de l'agitation du centre-ville.

Si le cours tire son nom de la statue du général Pierre Cambronne trônant en son centre, on s'amusera surtout de celle qui lui fait face, installée en 2018 par l'artiste Philippe Ramette. Intitulée ***Éloge de la transgression***, elle représente une fillette qui tente de grimper sur le socle de sa statue... ou bien de s'en enfuir, comme un pied-de-nez à la statue du général.

Accès rue Piron et rue des Cadeniers • 15 janv.-19 mars et 23 oct.-17 nov. 8h45-18h, 20 mars-22 oct. 8h45-19h30, 18 nov.-14 janv. 8h45-17h.

4 Rue Crébillon✦

La rue favorite de la bourgeoisie nantaise avec la **rue Franklin** toute proche ! À parcourir pour un shopping chic dans leurs enseignes haut de gamme (Gérard Darel, Sandro, Maje...), ou simplement pour le plaisir de faire du lèche-vitrines... Une activité si prisée qu'elle a donné naissance au verbe «crébillonner», employé par les habitants.

La rue Crébillon a également l'avantage de relier les deux plus belles places de la ville : la **place Graslin** (p. 20) et la **place Royale** (p. 24), toutes deux œuvre de l'architecte nantais Mathurin Crucy.

5 Muséum d'histoire naturelle✦

Voici une visite à faire en famille pour développer vos connaissances sur les espèces animales, végétales ou minérales. Ouvert en 1810, le Muséum a pris ses quartiers dans ses locaux actuels en 1875. Ses imposantes collections couvrent tous les domaines de l'histoire naturelle : géologie, minéralogie, botanique, zoologie, ethnologie.

Les espaces sont grands et lumineux, ce qui rend la visite agréable et permet d'observer confortablement les animaux naturalisés, les minéraux (dont les fragments de **Black Beauty**, une météorite martienne) ou encore les différents herbiers.

La galerie de zoologie

Elle est l'un des musts du Muséum, avec plus de 1000 spécimens d'animaux vertébrés, parmi lesquels quelques raretés : un cœlacanthe, un grand pingouin ou encore un roi des rats ! Mais c'est surtout le **squelette de baleine** qui fera le sel de votre visite. Les ossements de ce cétacé mort par accident en 1991 se déploient sur 18 m de long. Impressionnant !

Enfin, passage obligé lors de votre venue : le **vivarium**, dans lequel s'agitent une vingtaine d'espèces de serpents, venimeuses ou non, ainsi que quelques lézards.

Passage Pommeraye

Expos temporaires et ateliers

Le musée organise une à deux fois par an des expositions temporaires très pédagogiques, à la scénographie étudiée. Des expos qui s'accompagnent d'événements et d'ateliers et animations pour les enfants et ados de 4 à 18 ans.

Accès par le square Louis-Bureau, pl. de la Monnaie • ☏ 02 40 41 55 00 • museum.nantesmetropole.fr • T.l.j. sf mar. 10h-18h ; f. 1er janv., 1er mai, 1er nov. et 25 déc. • Entrée 4 €, réduit 2 €, gratuit Pass Nantes et Pass inter-musées.

6 Passage Pommeraye***

Comment ne pas être ébloui par ce grandiose passage couvert ? Joyau architectural du XIXe s. classé monument historique, il envoûte avec son immense **escalier de bois et de fer forgé** entouré de sculptures. Il est aussi une invitation à la flânerie grâce aux belles boutiques qui le jalonnent. Sous sa verrière, on s'attarde, on (se) prend en photo, on monte les marches, on les redescend, on s'arrête à chacun des trois étages pour contempler les détails des statues et des arcades ornées de stucs, séduit par l'harmonie des tons bordeaux, beiges et crème.

Une galerie animée

Long de 134 m, avec un dénivelé de 9 m, le passage Pommeraye relie la rue de la Fosse, en bas, à la rue Santeuil, en haut. Depuis 2016, il est prolongé par une galerie au niveau intermédiaire qui débouche sur le passage Cœur de Nantes. Le passage Pommeraye, c'est aussi une **galerie commerçante** vivante où se côtoient grandes enseignes et petites échoppes indépendantes. À son inauguration en 1843, il comptait déjà

66 boutiques : une révolution pour les habitants, habitués jusque-là aux petites échoppes sombres et sans vitrine ! Resplendissant sous le soleil, il constituera également un abri de choix si vous êtes surpris par la pluie.

Une inspiration pour les artistes

La beauté de l'architecture néoclassique du Passage a inspiré de nombreux artistes, de Julien Gracq à Jacques Tardi. On retiendra surtout **Jacques Demy**, qui l'a pris pour décor de trois de ses films. Adolescent, il aurait même échangé dans l'une des boutiques son jeu de Meccano contre sa toute première caméra…

Les statues du Passage

Outre les médaillons en stuc représentant d'importantes figures nantaises, le principal décor architectural est constitué par les statues qui bordent les galeries. Ce sont essentiellement des allégories : on y voit le Commerce, l'Industrie, l'Agriculture, les Beaux-Arts, le Spectacle, les Sciences et le Commerce maritime.

La meilleure période

Le passage Pommeraye s'apprécie tout au long de l'année, mais c'est au moment des fêtes de fin d'année qu'il est le plus superbement mis en valeur grâce à des décorations féeriques.

Accès rue de la Fosse ou rue Santeuil • passagepommeraye.fr • Lun.-sam. 8h-20h, dim. 9h-20h ; f. 1er mai.

7 Place Royale✦✦

Ne manquez pas cette magnifique place bordée d'immeubles aux façades harmonieuses : c'est un régal pour les yeux.

La **fontaine** en son centre (1865) est ornée de statues de bronze personnifiant l'activité fluviale et maritime nantaise : les trois femmes représentent la Loire, l'Erdre et la Sèvre ;

La pause trop chou : Maison Grimaud

Le chou pâtissier, spécialité à la fois tendance et gourmande, est la star de ce salon de thé moderne et chaleureux. Il y est décliné dans de nombreux parfums, des plus classiques (chocolat, pistache, caramel au beurre salé…) aux plus créatifs (crémeux thé vert et compotée de fruits de la passion…). À l'heure du déjeuner, c'est dans une version salée, la gougère, qu'on l'apprécie, garni de viande, de poisson ou de légumes.

14 *4, rue Vauban • maisongrimaud.fr • ☎ 09 86 67 56 23 • Mar.-dim. 11h-19h • Chou à partir de 1,90 € • Formule déjeuner 12,90 €.*

La rue Crébillon, qui débouche sur la place Royale

les deux hommes, le Cher et le Loiret ; les huit enfants, l'Industrie et le Commerce. Quant à la statue de marbre qui trône au sommet, elle symbolise la ville de Nantes sous les traits d'Amphitrite, déesse de la Mer.

8 Autour de la rue du Calvaire✦

Le long de cette artère commerçante, vous trouverez toutes les grandes enseignes internationales. Mais elle est surtout un bon point de départ pour découvrir des établissements moins connus, situés dans les rues adjacentes.

Au nord, des salons de thé – **rue de Budapest**, Debotté au n° 3 et Alaïa au n° 4 ; **rue Cacault**, L'Atelier des délices au n° 8 et Glaz (p. 28) au n° 10 –, des boutiques de cosmétiques bio (Marie Nature, 2, **rue Paré**), de vêtements et accessoires (Rock à Gogo, 11, rue Paré), une librairie de BD (Story BD, 6, **rue Guépin**)...

Au sud, dans les ruelles serpentant jusqu'à la rue Crébillon, de jolies boutiques de vêtements pour femmes ou enfants et de bijoux (**rue Contrescarpe**, Chez Zizanie au n° 6, Arsène et les pipelettes au n° 20, Dolita au n° 11), de baskets tendance (Shoes Bar, 3, **rue de la Marne**)...

9 Place du Commerce

À Nantes, c'est ici qu'on se donne rendez-vous ! Toujours animée avec ses terrasses de cafés, ses boutiques et son cinéma, cette vaste place piétonne n'est certes pas la plus belle de la ville, mais elle a l'avantage d'être

Le Cours des Cinquante-Otages

C'est l'une des principales artères de Nantes : vous serez forcément amené à le traverser au cours de votre séjour. Long de 800 m, il tire son nom d'un épisode tragique de la Seconde Guerre mondiale. En représailles à l'exécution à Nantes du lieutenant-colonel Karl Hotz, l'occupant allemand procéda deux jours plus tard, le 22 octobre 1941, à l'exécution de 48 (et non 50 !) prisonniers à Nantes, à Châteaubriant et à la forteresse du mont Valérien.

située à deux pas de la station Commerce, centre névralgique des transports en commun nantais.

Jetez un œil à l'ancien **palais de la Bourse** (1790, inscrit à l'inventaire des monuments historiques) dans lequel est installé un magasin Fnac. Contournez-le jusqu'à la place de la Bourse pour voir les 10 **statues allégoriques** qui surplombent sa façade ouest.

10 Musée de l'Imprimerie✦

Et si vous laissiez de côté le numérique pour revenir au papier ? Le temps d'une visite, ce musée vous (re)plongera dans l'imprimerie traditionnelle à travers l'exposition de machines, la plupart en état de fonctionnement, et de leurs productions. La fabrication du papier, la composition du texte avec les anciens caractères en plomb, l'impression ou la reliure-dorure n'auront plus de secrets pour vous !

Ne manquez pas la **visite guidée**, animée par des passionnés chaque jour à 14h30 : elle intéressera petits et grands.

Le musée organise régulièrement des ateliers et des stages pour adultes et enfants permettant de s'initier aux techniques ancestrales de la reliure, de l'enluminure, de la gravure, de la calligraphie ou encore de la lithographie.

24, quai de la Fosse • ☏ 02 40 73 26 55 • musee-imprimerie.com • Lun.-sam. 10h-12h et 14h-17h30 ; f. sam. juil.-août • Entrée 7€, réduit 4€ ; gratuit Pass Nantes (+ une affiche offerte) et -10 ans.

11 Mémorial de l'abolition de l'esclavage✦

Nantes fait face à son histoire coloniale (p. 66) avec sobriété et compassion à travers ce mémorial dont la visite se révèle poignante. Suivez tout d'abord sur les bords de Loire, **quai de la Fosse**, le **parcours végétalisé** : émaillé de 2 000 plaques de verre, il porte les noms des navires ayant contribué à la déportation de 550 000 Africains depuis Nantes jusqu'aux comptoirs négriers. Pénétrez ensuite dans le **monument souterrain** : ses murs sombres couverts de textes et de témoignages évoquant le commerce triangulaire sont un émouvant appel à la mémoire.

Quai de la Fosse, passerelle Victor-Schœlcher • ☎ 08 11 46 46 44 • memorial.nantes.fr • 16 sept.-14 mai 9h-18h, 15 mai-15 sept. 9h-20h • Accès libre.

12 Le Belem✦

Sorti des chantiers navals nantais en 1896, l'élégant **trois-mâts**, classé monument historique, revient régulièrement à Nantes. Aujourd'hui navire-école, il se visite lors de ses escales. On y découvre la vie à bord d'un voilier au XIXe s., entre les espaces de vie et de navigation. Une visite instructive sur un voilier de toute beauté.

Quai de la Fosse • ☎ 01 42 73 47 30 • fondationbelem.com • Vis. sur résa • Tarif 6€, réduit 3€ ; gratuit -6 ans.

13 Île Feydeau✦✦

L'une des plus belles promenades de Nantes est située sur cette ancienne île, rattachée au centre-ville lors des grands travaux de comblement de la Loire, dans les années 1930. Bordée d'immeubles cossus du XVIIIe s., elle est traversée sur toute sa longueur par la charmante **rue Kervégan**, avec ses pavés inégaux, ses bars et ses restaurants typiques.

Des maisons penchées

Tout autour de l'île, vous serez surpris de découvrir les beaux immeubles… inclinés les uns contre les autres ! Il s'agit des anciennes **demeures d'armateurs** ayant fait fortune grâce à la traite négrière. Construites sur un sol sablonneux, elles se sont

Immeubles du XVIIIe s. quai Turenne, sur l'île Feydeau

enfoncées au fil du temps. Leurs façades de tuffeau sont décorées de **mascarons**, visages tour à tour souriants ou grimaçants qui ornent portes et fenêtres.

L'île Feydeau est petite, mais si vous ne voulez pas en faire le tour, prenez au moins le temps de longer le **quai Turenne** : c'est là que se trouvent les plus beaux bâtiments ; plusieurs d'entre eux sont classés monuments historiques.

Des œuvres d'art contemporain

Les abords de l'île se sont enrichis, dans la dernière décennie, de plusieurs œuvres monumentales, à la fois ludiques et remarquables, qui plairont aux petits comme aux plus grands.

Place Alexis-Ricordeau, amusez-vous à reconnaître les **célébrités nantaises**, historiques ou contemporaines, peintes sur le pan de mur installé en 2011 par la troupe du Royal de Luxe (encadré p. 63).

À la pointe est de l'île, arrêtez-vous pour taquiner la balle sur le **Feydball**, un terrain de foot en forme de croissant… auquel le miroir installé à proximité redonne sa forme habituelle.

Enfin, passage obligé par le **square Élisa-Mercœur**. Son aire de jeu ravira les plus jeunes avec son immense dragon à jouer, œuvre de l'artiste japonais Kinya Maruyama.

Restos | Bars | Hôtels | Shopping | Activités

Restos Bistrots

Esthète Naturellement Pâtissier

Pâtisserie/salon de thé 1

C'est LA pâtisserie la plus en vue du moment à Nantes, et il y a de quoi : les créations de Julien Merceron, ancien pâtissier au Ritz, ravissent aussi bien les yeux que les papilles. Avec son collaborateur Gérard Porte, il a créé ce lieu à la fois gourmand et éthique, qui privilégie circuits courts et ingrédients de saison. Résultat : des spécialités diablement alléchantes, comme ce mille-feuilles à la vanille Bourbon et au caramel… à emporter ou à déguster sur place, dans un espace salon de thé tout aussi exquis.

1 bis, rue Mercœur • ☎ 02 55 10 11 92 • esthete-nantes.com • Mar.-sam. 9h30-19h, dim. 9h-13h.

Glaz

Restaurant/salon de thé 2

Un sentiment d'apaisement nous envahit en pénétrant ce salon de thé-restaurant, dont la déco reprend à son compte la définition du mot breton *glaz*, qui désigne les couleurs changeantes de l'océan, entre bleu, vert et gris. Dans l'assiette, une cuisine maison à la fois saine et réconfortante, élaborée à partir de produits locaux et de saison. Brunch fin et délicieux le dimanche.

10, rue Cacault • 02 28 49 66 21 • cafeglaz.fr • Lun.-sam. 8h-18h, dim. 10h-15h ; f. mer. • Menu 18 €, pâtisserie 4,50 € ; brunch 23 €.

La Maison d'Élise

Bar à chats/salon de thé 3

Dans ce sympathique bar à chats, cinq maine coons évoluent librement parmi les clients. Si vous avez de la chance, l'un de ces immenses félins au long poil soyeux élira peut-être domicile près de vous… Sinon, vous pourrez toujours vous consoler en dégustant une boisson bio accompagnée d'un bagel ou d'une pâtisserie artisanale.

6, rue Jean-de-la Fontaine • 09 81 17 18 33 • lamaison-delise.fr • Mar.-sam. 10h-19h • Thé 4,50 €, pâtisserie autour de 6 €.

Suppli Factory

Restauration rapide 4

L'expression « manger sur le pouce » prend tout son sens avec le *suppli*, petite boule de riz panée à base de tomate et mozzarella, que l'on tient entre pouce et index pour la croquer. Découvrez cette spécialité romaine et son cousin l'*arancini*, fourré aux légumes ou

Suppli Factory

à la viande, dans ce *fast good* dont les spécialités combleront toutes les faims, pour un prix modique.

1, rue de l'Arche-Sèche • 02 51 17 79 28 • supplifactory.com • Lun. 12h-16h, mar.-ven. 12h-17h, sam. 11h30-22h30 • Formule à partir de 7 €.

Le Petit Boucot

Cuisine moderne 5

On entre dans ce restaurant pour son cadre à la fois sobre et charmant, avec sa déco de pierres et de bois, illuminée de touches marines. Et on y revient pour sa cuisine, à la fois saine et gourmande. Fort de plusieurs expériences à l'étranger, le chef Frédéric Chiron associe les produits locaux et de saison avec une touche d'exotisme. Service aux petits oignons.

3, rue Lekain • 02 53 97 04 04 • lepetitboucot.com • Mar.-ven. 12h-13h45 et 20h-21h30, sam. 20-21h30 • Formule entrée-plat-dessert 21 €.

Sugar Blue Café

Sugar Blue Café

Coffee shop 6

Emmanuelle et Marlyse ont été parmi les premières à faire découvrir aux Nantais les pâtisseries anglo-saxonnes… et avec quel succès ! Que ce soit à l'heure du déjeuner ou du goûter, ce charmant coffee shop à la déco tendance ne désemplit pas. Idéal pour une pause gourmande, à toute heure de la journée. On y déjeune aussi sur le pouce d'une salade originale ou d'un wrap. Parmi les délicieux desserts, ne manquez pas le *carrot cake* : tout simplement le meilleur de Nantes !

4, rue de l'Arche Sèche • ☎ 09 83 24 19 24 • sugarbluecafe.fr • Mar.-sam. 9h-18h30 • Plat autour de 9 €, pâtisserie 4,50 €.

La Passagère

Salon de thé 7

Ce salon de thé cossu est situé en plein cœur du superbe passage Pommeraye. Installez-vous sur sa terrasse pour y déguster l'une des excellentes pâtisseries maison et jouir à loisir du décor et de l'ambiance ! Également une formule déjeuner très avantageuse (9 €) avec de tout petits plats pour combler les appétits d'oiseau.

Passage Pommeraye, 1, rue du Puits-d'Argent • ☎ 02 40 89 50 50 • baron-lefevre.fr • Mar.-ven. 11h-18h, sam. 10h30-19h.

La Cigale

Brasserie/salon de thé 8

Profitez du décor de la plus belle brasserie de Nantes en dehors du rush des repas en y allant plutôt pour le goûter (pensez tout de même à réserver : le lieu est très prisé). Plusieurs formules sont proposées pour une halte sucrée tout au long de l'après-midi. Optez pour la « pause gourmande » avec une pâtisserie et une boisson, pour vous laisser le temps d'apprécier les lieux.

4, pl. Graslin • ☎ 02 51 84 94 94 • lacigale.com • T.l.j. 7h30-0h30 • Pâtisserie 6,20 €, pause gourmande 9,10 €, menus 25-28 €.

Imagine

Cuisine moderne 9

La cheffe Anne-Lise Genouël réalise des associations de saveurs étonnantes. Résultat ? Des assiettes à la fois raffinées et colorées, qui s'accordent à la perfection avec une carte de vins essentiellement bio et naturels. Le tout servi dans un cadre moderne et chaleureux. L'un des meilleurs rapports qualité/prix de Nantes !

12, rue Gresset • 02 40 34 06 11 • imagine-restaurant-nantes.com • Mar. 12h-13h30, mer.-ven. 12h-13h30 et 19h30-21h30, sam. 19h30-21h30, dim. 11h30-13h30 • Menu entrée-plat-dessert 21€.

Poisson Paré

Bistrot

10

La spécialité de ce bistrot moderne : le poisson, et plus précisément le *fish & chips*, spécialité anglo-saxonne préparée à partir de poisson frais pêché localement. Servi avec ses frites bio, il évolue au gré de la saisonnalité des ingrédients. Un vrai plaisir régressif et gourmand ! Ceux qui souhaitent garder la ligne lui préféreront le poisson du jour, accompagné de légumes bio.

12, quai de la Fosse • 02 40 35 42 05 • poissonpare.com • Midi mar.-sam, soir jeu.-ven. • Formule entrée-plat ou plat-dessert 13,20€.

La Maca

Cuisine fusion

11

Ses plats originaux en fond l'une des nouvelles tables les plus en vue de Nantes, et pour cause ! Ce restaurant convivial concocte une cuisine du marché aux accents d'ailleurs : grâce aux épices et condiments exotiques, les plats font voyager tour à tour en Asie ou sur le continent américain. Kimchi, zaatar, pickles, gua bao, nashi… : si ces mots ne vous disent rien sur le papier, découvrez-les dans l'assiette !

11, quai de la Fosse • facebook.com/lamacanantes • Mar.-sam. 11h-1h30, dim. 12h-14h30 • Menu entrée-plat ou plat-dessert 17,50€.

Totum Cantine Bio

Végétarien

12

Bio, végétarien, sans gluten, abordable, frais et bon… Ce restaurant a de quoi mettre tout le monde d'accord ! On y déjeune de salades colorées et croquantes, de délicieuses soupes et tartes. Les plus gourmands craqueront pour le burger avec steak végétal et fromage végan.

11, quai Turenne • 06 10 53 22 20 • totumcantine.bio • Mar.-sam. 12h-14h et 19h30-21h30 • Plat 12,50€, dessert 5,50€.

Sépia

Cuisine moderne

13

Cette adresse sur l'île Feydeau propose des plats délicats aux accents méditerranéens, élaborés à partir de produits locaux majoritairement bio. Le menu du marché servi le midi est une valeur sûre. Si vous êtes plus aventureux, venez plutôt le soir pour déguster l'un des deux menus composés de tapas depuis l'entrée jusqu'au dessert. Belle carte de vins locaux.

1, quai Turenne • 02 51 82 71 59 • sepia-restaurant.fr • Mer.-ven. 12h15-14h et 19h15-21h45, sam. 19h15-21h45, dim. 11h-13h30 • Formule entrée-plat ou plat-dessert 17€.

VOIR AUSSI P. 24 :
Maison Grimaud 14

Bars, clubs Sorties

Mojito Royal

Bar à cocktails 1

L'un des meilleurs bars à cocktails de Nantes, aussi bien pour le large choix disponible que pour l'accueil ! On y est reçu par une équipe de passionnés jamais avares de conseils, que vous soyez amateur de gin, de bière ou, bien sûr, de mojito.

16, rue Jean-Jacques-Rousseau • ☎ 02 40 34 94 23 • Mojito à partir de 6,50 €.

Tapas et Vinos

Tapas 2

Dans ce restaurant convivial, la cheffe chilienne Pamela Solar concocte chaque soir des *pintxos* traditionnels, *croquetas* et autres tapas à base de charcuteries ibériques ou de fruits de mer. À partager en famille ou entre amis, accompagnés de vin espagnol, chilien ou sud-africain. Dépaysement garanti !

15, rue Kervégan • ☎ 02 40 20 86 91 • tapasetvinos.fr • Mar.-jeu. 12h-14h et 19h-22h, ven. 12h-14h et 19h-23h30, sam. 19h-23h30 ; f. dim. et lun. • Tapas 2-4 €.

Naoned Beer Company

Bar et burgers 3

Amoureux des boissons houblonnées, voici LE lieu qu'il vous faut pour découvrir les crus locaux ! Dans ce bar convivial, avec fléchettes et karaoké, pas moins de 12 bières pression et 44 en bouteille – dont 35 brassées à Nantes ou en Loire-Atlantique – vous sont proposées. Le plus difficile sera de choisir… À accompagner de croquettes de Curé Nantais (p. 132), d'une planche ou encore d'un *fish & chips*.

4 bis, rue du Chapeau-Rouge • ☎ 02 40 35 35 95 • naoned-beercompany.com • Mar.-ven. 12h-14h et 17h30-2h, sam. 12h-2h, dim. 12h-15h • Bière 33 cl 4-6,50 €, plat autour de 15 €.

Katorza

Cinéma 4

Soirée pluvieuse en perspective ? Filez donc vous faire une toile dans ce cinéma d'art et d'essai où vous découvrirez des films d'auteur récents ou bien des pépites vintage méconnues. Cette institution culturelle nantaise organise plusieurs festivals dans l'année pour mettre à l'honneur le cinéma d'Europe et d'ailleurs.

3, rue Corneille • ☎ 02 51 84 90 60 • katorza.fr • Adulte 8,90 €, -14 ans 4,50 €.

Hôtels B&B

Micr'Home

Insolite 1

Cet hébergement atypique a été créé par l'architecte d'intérieur Myrtille Drouet pour Le Voyage à Nantes (p. 36). Greffée entre deux immeubles, en plein cœur de la ville, cette maison de trois étages avec salon, cuisine, salle de bains, WC et chambre à coucher ne fait que… 2 m de large ! Un cocon microscopique pour un séjour unique.

12, rue de la Fosse • Sur résa auprès de nantes-tourisme.com • ✆ 08 92 46 40 44 • Nuit à partir de 95 €.

Maca Place

Maisons du Monde Hôtel & Suites

Boutique hôtel 2

La marque de décoration, dont le siège est situé dans l'agglo, a choisi Nantes pour l'ouverture de son premier hôtel ! Dans cet établissement unique en son genre, les chambres et les appartements sont décorés selon les différentes ambiances du catalogue : classique chic, exotique, glam rock… Pour un séjour à la fois confortable et à la pointe des tendances !

2 bis, rue Santeuil • ✆ 02 40 73 46 68 • maisonsdumondehotel.com • Double à partir de 99 €, appart. (2-4 pers.) à partir de 122 €.

Shopping Cadeaux

Maca Place

Concept store 1

Situé dans une rue discrète, cet appartement-boutique est l'une des adresses nantaises les plus secrètes. A l'intérieur, ambiance boudoir pour cet écrin chic, qui invite à découvrir lentement chaque objet comme une pièce de collection. Vous y trouverez des vêtements de marques pointues (Heimstone, Modetrotter…) et des accessoires tendance, notamment ceux des créatrices nantaises Atelier St. Loup (maroquinerie) ou encore L'Atelier Plume (bijoux bohème).

11, rue de Budapest, 1er étage • macaplace.fr • Lun. 14h-19h, mar.-sam. 11h-19h.

Guerlais

Chocolaterie

2

Vincent Guerlais est sans nul doute le maître chocolatier le plus réputé de Nantes ! Une célébrité largement méritée, tant pour l'originalité de ses créations que pour leur qualité. Avec six boutiques dans l'agglomération, il s'est aussi imposé comme une référence en matière de pâtisserie. Offrez-vous un étui de ses fameux « P'tits Beurre », gourmandise chocolatée fourrée praliné, caramel ou éclats de biscuits : un délice !

11, rue Franklin • ☎ 02 40 08 08 79 • vincentguerlais.com • Lun.-ven. 10h-19h30, sam. 9h30-19h30, dim. 9h30-12h30.

Les Nanas ont du chic

Bijoux de créateur

3

Doriane et Damien reçoivent dans leur atelier-boutique où ils conçoivent broches, boucles d'oreilles, bracelets et colliers en bois peint ou en laiton doré à l'or fin. Des pièces féminines et modernes, inspirées par la nature.

1, rue Lekain • lesnanasontduchic.com.

L'atelier de Petits Pinpins

Coquerico

Accessoires

4

Cette charmante boutique vend exclusivement des accessoires de créateurs et de jeunes marques françaises. Vous y trouverez une belle sélection de pièces originales pour hommes ou pour femmes : écharpes, chapeaux, chaussettes ou encore bijoux graphiques, comme ceux réalisés par la Nantaise Audrey Veuillot. Autant d'accessoires tendance que vous ne risquez pas de voir sur d'autres personnes !

1, rue Grétry • ☎ 06 87 37 21 43 • coquerico.fr • Lun. 14h30-18h, mar.-ven. 10h30-14h et 15h-19h, sam. 10h30-19h.

L'atelier de Petits Pinpins

Accessoires et jouets pour enfants

5

Si vous avez un bambin à gâter, c'est ici qu'il vous faut vous rendre pour dénicher votre bonheur à coup sûr ! Aude crée des accessoires textiles colorés pour les tout-petits (bavoirs, lingettes lavables, serviettes...) qui côtoient dans sa boutique une sélection extensive de jouets, papeterie, et accessoires qui raviront les enfants, mais aussi leurs parents !

2, pl. de la Bourse • ☎ 02 28 29 86 70 • petitspinpins.com • Lun. 13h-19h, mar.-sam. 10h-19h.

Activités Détente

Escape game

La particularité de cet **Nant'Escape** ? On y fait appel à des comédiens qui ajoutent aux énigmes un surcroît de réalisme. Parmi les différents scénarios proposés, dont certains pour les enfants et d'autres en extérieur, choisissez celui du « tripot de la courtoisie » pour vous glisser dans le milieu du grand banditisme nantais… ou bien celui de « l'évasion du cardinal » pour vous retrouver projeté au milieu du XVIIe s., sur les traces du cardinal de Retz… Palpitant !

***Nant'Escape**, 3, rue Voltaire • ☏ 02 53 97 36 37 • nantescape.com • Mar.-dim. 10h-minuit.*

Cours de cuisine

À l'étage de **Sapio**, un restaurant locavore, les chefs partagent avec passion et pédagogie leurs techniques culinaires lors de cours pour adultes et enfants. Apprenez à pâtisser, à composer un repas aux saveurs d'ailleurs ou encore à préparer votre menu de fête grâce à leurs conseils avisés, dispensés dans une cuisine moderne et bien agencée qui favorise la convivialité.

***Sapio**, 11, rue de la Clavurerie • ☏ 02 40 47 57 06 • sapio-arts.fr • Atelier 30-60 €/pers.*

Balade en Segway sur l'île de Nantes

Circuits en Segway

Vous cherchez un moyen amusant de découvrir Nantes sans vous fatiguer ? Optez pour une balade guidée en Segway ! Ces drôles d'engins électriques monoplaces peuvent atteindre 20 km/h et sont très simples à prendre en main : deux minutes d'initiation, et c'est parti ! Neuf circuits commentés sont proposés, que vous soyez féru de patrimoine, avide de courser l'éléphant mécanique sur l'île de Nantes ou de découvrir la ville la nuit…

***Mobilboard**, 9, rue des Vieilles-Douves • ☏ 02 40 75 69 47 • mobilboard.com • Dès 8 ans, sur résa • De 19 € (circuit de 30 min) à 65 € (circuit de 2h30).*

LE VOYAGE À NANTES

Ce parcours artistique et culturel à ciel ouvert, emblématique de l'audace et de la créativité de la culture nantaise, s'organise autour d'un temps fort estival et d'œuvres permanentes visibles à travers la ville, reliées entre elles par une ligne verte tracée au sol. Mode d'emploi.

Suivez la ligne verte !

Baissez les yeux vers le sol. Quelle est donc cette mystérieuse ligne verte qui traverse la ville ? Longue de près de 20 km, elle permet une visite libre du parcours, jalonné de **plus de 60 œuvres et lieux touristiques**, chacun d'entre eux indiqué par un symbole en forme d'œil, invitant à… ouvrir le vôtre ! Son tracé évolue chaque année afin d'incorporer les nouvelles œuvres temporaires et permanentes.

Tracé de la ligne sur levoyageanantes.fr/parcours-plan.

L'art pour tous, à Nantes… et au-delà

Surprenantes, décalées, voire carrément déroutantes, les œuvres du Voyage à Nantes ne laissent jamais indifférent. Accessibles gratuitement, elles incarnent la volonté nantaise de rendre l'art et la culture accessibles à tous.

Si la plupart des œuvres sont situées à Nantes, certaines sont également installées à **Rezé**, au sud de Nantes, et dans le vignoble, comme le **Porte-Vue de Château-Thébaud** (p. 139).

Enfin, notez que les œuvres situées à proximité de la Loire font aussi partie du **parcours Estuaire** (p. 96).

Notre sélection d'œuvres permanentes à Nantes

- **La plus friponne :** *Éloge de la transgression* par Philippe Ramette.

Cours Cambronne ; voir p. 22.

- **La plus à l'ouest :** *Éloge du pas de côté* par Philippe Ramette.

Place du Bouffay ; voir p. 44.

La ligne verte qui traverse Nantes

Dépodépo, de *Claude Ponti, au Jardin des plantes*

◗ **La plus ludique pour les petits :** *Dépodépo* de Claude Ponti.

Jardin des plantes ; voir p. 81.

◗ **La plus réflexive :** *Sans titre* de Jenny Holzer.

Quai François-Mitterrand (devant le palais de justice) ; voir p. 54.

◗ **La plus ludique pour les grands :** *On va marcher sur la lune* par Détroit architectes et Bruno Peinado.

Île de Nantes, parc des Chantiers.

◗ **La plus gothique :** *Résolution des forces en présence* par Vincent Mauger.

Île de Nantes, parc des Chantiers ; voir p. 59.

◗ **La plus nocturne :** *Les Anneaux* de Daniel Buren et Patrick Bouchain.

Île de Nantes, quai des Antilles ; voir p. 59 et p. 61.

◗ **La plus vertigineuse :** le belvédère de l'Hermitage par Tadashi Kawamata.

Rue de l'Hermitage ; voir p. 71.

Le temps fort estival

Chaque été depuis sa création en 2012, Le Voyage à Nantes – le VAN, pour les intimes – propose une nouvelle collection éphémère d'œuvres, d'installations et d'expos qui incitent à redécouvrir la ville. Les œuvres sont dévoilées le dernier week-end de juin, au cours de La Nuit du VAN, un événement émaillé de performances inédites et spectaculaires. Fin août, la plupart des œuvres sont retirées, les quelques autres venant enrichir le parcours permanent.

LE CŒUR HISTORIQUE

2

Pour plonger dans l'histoire médiévale de Nantes, arpentez les rues pavées du quartier Bouffay. Après une halte au château des ducs de Bretagne puis à la cathédrale, prenez le temps de flâner : au-delà de son patrimoine, le centre historique est aussi un quartier animé à toute heure du jour, avec nombre de bars typiques, de restaurants de cuisine du monde et de boutiques de créateurs.

La tour LU

1 Cathédrale Saint-Pierre-et-Saint-Paul✦✦

Cet imposant édifice de style gothique flamboyant toise le visiteur de ses 63 m de haut – à peine 6 m de moins que Notre-Dame de Paris. Son chantier, qui dura de 1434 à 1891, fut l'un des plus longs de l'architecture religieuse en France.

La sobre **façade** est animée par les sculptures de ses trois portails et par la grande baie centrale.

À l'**intérieur**, les voûtes qui s'élèvent à plus de 37 m de haut créent un ensemble majestueux et lumineux grâce à la blancheur du tuffeau et aux 500 m² de vitraux.

Incendies et reconstructions

Bombardée en 1944, la cathédrale fit l'objet de longs travaux de restauration durant lesquels un incendie se déclara en 1972, détruisant une grande partie de

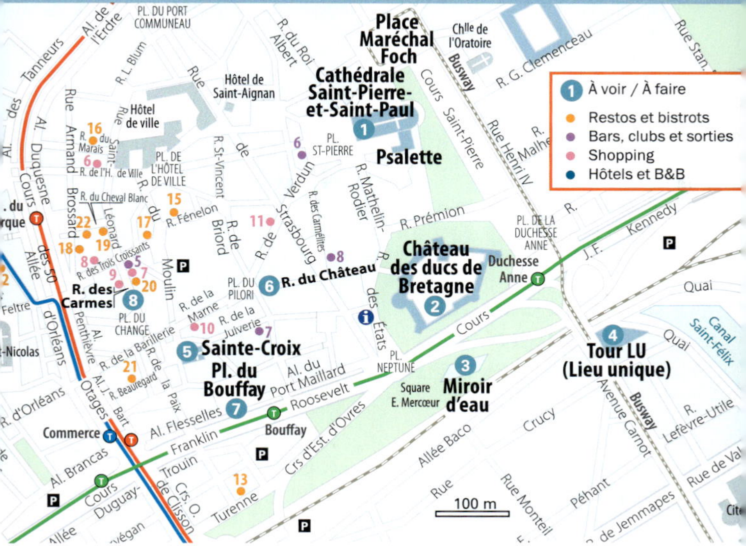

la toiture. La restauration dura jusqu'en 1985. En juillet 2020, un nouvel incendie a détruit l'orgue du XVIIe s. et endommagé, entre autres, le vitrail de la façade ouest datant de 1498.

Les tombeaux⁺⁺

À ne pas manquer dans le transept sud : le **tombeau pré-Renaissance de François II**, dernier duc de Bretagne, et de son épouse **Marguerite de Foix**, commandé par leur fille Anne de Bretagne (1507). Il est entouré des douze apôtres et de quatre allégories : la Force, la Prudence, la Tempérance et la Justice. Voir aussi le **cénotaphe du général Lamoricière** (1879, transept nord), entouré de statues représentant quatre de ses vertus : la Charité, le Courage militaire, la Sagesse et la Foi.

Pl. Saint-Pierre • ✆ 02 40 47 84 64 • cathedrale-nantes.fr • Fermé pour travaux jusqu'à fin 2021 à la suite de l'incendie de juil. 2020 ; sinon t.l.j. 8h30-18h (19h en été) sauf pdt les offices (dim. et fêtes 10h et 19h).

Les cryptes⁺

Rendez-vous dans la crypte du XIXe s. pour en apprendre plus sur l'histoire de la cathédrale, et dans celle du XIe s. pour en admirer les trésors : près de 150 objets religieux (pièces d'orfèvrerie, vêtements, ornements liturgiques...).

Ouv. l'été et 1er dim. du mois.

Autour de la cathédrale

Faites le tour de la cathédrale afin d'observer au nord la **porte Saint-Pierre**, vestige des remparts de la ville du XVe s., et au sud le **manoir de la Psalette**, monument historique de la fin du XVe s. (visite lors des Journées du patrimoine) ; son **jardin** permet de se reposer à l'abri du tumulte de la ville.

2 Château des ducs de Bretagne✦✦✦

Nantes est-elle bretonne ? Si la question anime toujours les débats localement, une chose est sûre : son château, impressionnante forteresse de granit et de tuffeau de style gothique flamboyant, fut la demeure d'Anne, duchesse de Bretagne et future reine de France.

Anne de Bretagne

Le château fut construit à la fin du XVe s. par François II, dernier duc de la Bretagne indépendante, comme résidence de la cour ducale (ce qui vaudra à Nantes le surnom de « Cité des Ducs »). Sa fille Anne, dont la **statue de bronze** veille aujourd'hui sur l'entrée de la forteresse, y naît en 1477. Elle poursuit les travaux engagés par son père sur l'édifice et devient reine de France par ses mariages avec Charles VIII puis Louis XII. Après le rattachement de la Bretagne à la France (1532), le château devient logis breton des rois de France, puis caserne, et enfin prison. Classé monument

historique, il forme un ensemble architectural harmonieux bien que disparate, des bâtiments ayant été ajoutés à la construction originale aux XVIe et XVIIIe s.

Le musée d'Histoire de Nantes✦✦

Le château abrite un musée qui présente 1 150 objets (sur les 32 000 que compte le fonds), au fil d'un parcours jalonné de panneaux didactiques et de bornes multimédias. L'**exposition permanente** retrace l'histoire de Nantes, en insistant plus particulièrement sur la traite des Noirs et l'esclavage, les deux guerres mondiales et l'industrialisation. Ce dernier thème met notamment en lumière dans plusieurs vitrines des affiches et objets témoignant de l'**histoire de la biscuiterie**

Château des ducs de Bretagne

Lefèvre-Utile (LU), fleuron de l'industrie nantaise.

Le musée propose une à deux expositions temporaires par an qui s'intéressent soit à un élément précis de l'histoire nantaise, soit à une autre civilisation.

Le tour des remparts✦✦

C'est l'une des plus belles promenades de Nantes. Elle permet de contempler le **panorama sur toute la ville**. Comptez environ 20 min pour parcourir les 500 m du chemin de ronde, en prenant le temps d'admirer d'en haut la cour du château, les douves, la tour LU, la cathédrale, la tour Bretagne...

*4, pl. Marc-Elder • ☏ 08 11 46 46 44 • chateaunantes.fr • **Remparts et douves :** accès libre par la cour du château t.l.j. 8h30-19h (20h en été) • **Musée :** mar.-dim. 10h-18h, t.l.j. en été ; f. 1er janv., 1er mai, 1er nov. et 25 déc. ; plein tarif : 8 € ; gratuit -18 ans, Pass Nantes et 1er dim. du mois sf été ; audioguide 2 €.*

3 Miroir d'eau✦

Depuis 2015, le miroir d'eau fait la joie des Nantais, petits et grands. Installé au pied du château, là où passait la Loire avant qu'elle ne soit comblée dans les années 1930, il est composé de 32 jets d'eau et 208 points de brumisation, sur une surface totale de 1 300 m².
Il est agréable de s'y balader tout au long de l'année en admirant sur sa surface le reflet du château, mais c'est surtout en été qu'on l'apprécie pour la fraîcheur de ses jets d'eau, dans lesquels les enfants aiment à batifoler.

4 Tour LU et Lieu unique✦✦✦

Emblématique de Nantes, la **tour LU** est un vestige de la biscuiterie du même nom, fondée en 1886 par les Nantais Jean-Romain Lefèvre et Pauline-Isabelle Utile. Restauré

Le Lieu unique, installé dans l'ancienne usine LU

en 1998, ce **chef-d'œuvre d'Art nouveau** présente sur sa façade de nombreuses références à la célèbre marque, comme le cube placé sous sa flèche, dont le design reprend celui des boîtes en métal qui renfermaient autrefois les biscuits. En haut de la tour, on bénéficie d'une vue à 360° sur la ville.

Un pôle culturel

Fondé en 2000, le **Lieu unique** a investi l'usine désaffectée. Cet espace atypique dédié à l'art contemporain rassemble une **salle de spectacle** qui accueille danse, concerts, arts du cirque, mais aussi littérature, philosophie ou culture numérique, ainsi qu'un **espace d'exposition** où sont présentées plusieurs fois par an des œuvres photographiques, numériques (vidéo, son) ou des installations.

Un espace de restauration

Sur les bords du canal Saint-Félix, où il n'est pas rare de croiser des hérons, le **bar du Lieu unique** déploie aux beaux jours une terrasse bien agréable. Installez-vous dans l'un des transats pour siroter une bière locale ou un cocktail au bord de l'eau. Quant au restaurant, on y craque pour un « véritable gâteau LU », évidemment !

Et même un hammam !

Au sous-sol, l'ancien bâtiment industriel se pare de teintes orientales et de vapeurs d'eucalyptus… Le **hammam Zeïn** vous invite à vous détendre dans la pénombre de ses différents espaces, entre bains de vapeur et soins aux huiles précieuses et au savon noir.

Quai Ferdinand-Favre • ***Lieu unique :*** *02 40 12 14 34 ; lelieuunique.com ;* ***bar :*** *t.l.j. 11h-1h (20h dim. et lun.) ;* ***restaurant :*** *lun.-sam. 12h-14h, mar.-jeu. 19h-23h, ven.-sam. 19h-minuit* • ***Tour LU :*** *adulte 2 €, gratuit -12 ans* • ***Hammam Zeïn :*** *02 40 89 09 99 ; nantes.zeinorientalspa.fr ; sur rdv lun.-sam. 10h-20h, dim. 12h-20h ; f. mar.*

5 Église et passage Sainte-Croix✦

Au cœur de la vieille ville, cette petite église du XVIIe s. vaut le détour pour son **beffroi** grandiose. Décoré d'anges sonnant la trompette, il abrite une cloche de plus de 8 tonnes (1663), surnommée « la Bouffay ».

C'est dans cette église que fut baptisé Jules Verne en 1828. Sur le parvis, des bouquinistes sont régulièrement présents.

Sur le côté droit, après le petit jardin, ne manquez pas le **passage couvert Sainte-Croix**, aménagé dans l'ancien prieuré bénédictin du XIIe s. Il relie la place Sainte-Croix à la rue de la Bâclerie et accueille de belles expos de photo et de peinture ainsi que des conférences.

Église : *pl. Sainte-Croix* • ***Passage :*** *9, rue de la Bâclerie 02 51 83 23 75 ; passagesaintecroix.fr ; mar.-sam. 12h-18h30 ; entrée libre.*

6 Rue du Château✦

Cette ruelle typique du vieux Nantes assure la jonction entre la place du Pilori et l'entrée principale du château. Les belles **maisons médiévales** – **hôtel de Villeneuve** (1654), au n° 3, et **hôtel Goulaine** (XVIIe s.), au n° 14 – y côtoient les enseignes décalées installées par Le Voyage à Nantes (aux nos 12 et 19).

Surtout, vous y trouverez un concentré de ce que le **quartier Bouffay** a de meilleur à offrir, du concept store stylé aux boutiques de vêtements et accessoires tendance pour femmes, hommes et enfants, en passant par

La pause coffee shop : Café Bécot

Ce coffee shop chaleureux est l'endroit idéal pour se ressourcer après une visite de la ville ou une virée shopping ! Goûtez l'une des délicieuses pâtisseries maison (*carrot cake*, gâteau à l'ananas, crumble…) en dégustant un café de spécialité, un thé ou un *golden latte*. Le midi, petits plats à base de produits locaux et de saison, avec un choix végétarien.

22 *1, rue du Cheval-Blanc* • *02 51 17 83 81* • *cafebecot.fr* • *Mar.-ven. 9h30-18h, sam. 11h-18h ; f. dim.* • *Formule déjeuner 12 €.*

Maison des Apothicaires, place du Change

une chaleureuse brasserie (Le Sélect, au n° 14) et, au n° 12, **Dînette**, un salon de thé super cosy (✆ *02 51 82 79 13* • *T.l.j. sf mar. 12h-18h30* • Voir p. 51).

7 Autour de la place du Bouffay✦

Voici le cœur palpitant du **quartier Bouffay** : théâtre des exécutions publiques jusqu'à la Révolution, la place est désormais colonisée par les terrasses dès l'arrivée des beaux jours. De l'heure de l'apéritif jusqu'à tard dans la nuit, les Nantais s'y rassemblent pour trinquer sous l'œil bienveillant de l'***Éloge du pas de côté*** (p. 36), autoportrait du sculpteur Philippe Ramette (qui a également signé l'***Éloge*** installé cours Cambronne).

Dans les **ruelles alentour**, les restaurants de cuisine du monde côtoient crêperies, bars et petites boutiques, dans une agitation joyeuse et bigarrée. Perdez-vous dans ce dédale médiéval, sans oublier de lever le nez : vous apercevrez quelques joyaux, comme cette **maison à pans de bois** au 5, rue de la Juiverie, l'une des plus anciennes de Nantes.

8 Autour de la rue des Carmes✦

Prenez le temps d'admirer, **place du Change**, l'iconique **maison des Apothicaires**, considérée par beaucoup comme la plus belle maison à colombages de la ville. Remontez ensuite la **rue des Carmes** pour découvrir un choix varié de boutiques originales, parmi lesquelles le concept store Sacrés Français, consacré au made in France (p. 49), et la boutique de créatrices Ping Pong (p. 48).

Un petit creux ? Alors poursuivez le long de la **rue Saint-Léonard** : vous y trouverez de nombreuses enseignes de restauration rapide de qualité.

Restos Bistrots

L'Aménité

Bistronomique 15

En salle comme dans l'assiette, l'alliance parfaite entre modernité et tradition. En pénétrant dans les lieux à la déco inspirée, où alternent la pierre et le bleu, on se demande presque si l'on n'est pas entré dans une galerie de design. Une fois passée la surprise, on se laisse subjuguer par les associations de textures et de saveurs audacieuses, concoctées à partir de produits locaux et bio.

4, rue Fénelon • ☎ 02 40 20 03 46 • lamenite-restaurant-nantes • Lun.-ven. 12h-13h30 et 20h-21h30, jeu. et ven. jusqu'à 22h30 • Formule entrée-plat ou plat-dessert 19 €.

Pickles

Bistronomique 16

Dans cet élégant bistrot, le chef britannique Dominic Quirke instille à ses plats son goût pour les voyages à travers une cuisine inventive à base de produits locaux. Résultat, des assiettes qui offrent toujours un twist surprenant : épice, association de saveurs ou ingrédient inattendu.

2, rue du Marais • ☎ 02 51 84 11 89 • pickles-restaurant.com • Menu midi 2 plats 20 €.

Le Reflet

Restaurant 17

Le Reflet est l'aboutissement d'une aventure humaine unique en son genre. Flore Lelièvre, restauratrice engagée, a fait le choix de travailler avec une équipe essentiellement composée de personnes porteuses d'une trisomie 21. Pari réussi pour cet établissement dont la qualité d'accueil n'a d'égale que la finesse de sa cuisine !

4, rue des Trois-Croissants • ☎ 02 57 54 61 78 • restaurantlereflet.fr • Mar.-mer. 12h-14h, jeu.-ven. 12h-14h et 19h30-22h, sam. 19h30-22h • Formule mise en bouche-plat-dessert 17,50 €.

Le Coin des Crêpes

Crêperie 18

Cette crêperie moderne renouvelle agréablement les les crêpes et les galettes

Pickles

bretonnes en les confectionnant à partir d'ingrédients locaux et majoritairement bio. L'accueil y est parfait et les galettes, légèrement craquantes. Vous ne résisterez pas à leur caramel au beurre salé !

2, rue Armand-Brossard • ☎ 02 40 35 39 36 • lecoindescrepes.canalblog.com • Mar.-sam. 12h-14h et 19h-22h • Menu déjeuner autour de 10 €.

Choc-Hola

Bar à chocolat 19

Amateurs de cacao, ne manquez pas cet établissement unique ! Marion et Ivan y fabriquent leur chocolat à la manière des Mayas, sans ajout de graisse, de soja ou de conservateurs. Ils sélectionnent des fèves de cacao criollo, cultivées au Mexique et en Haïti, puis les torréfient à Nantes. Optez pour un chocolat chaud ou glacé… et repartez avec une ou plusieurs tablettes nature ou épicées !

11, rue Saint-Léonard • ☎ 02 51 17 70 53 • choc-hola.com • Mar.-ven. 10h-13h et 14h-19h, sam. 10h-19h.

La Boîte à Meuh

Glacier 20

Faites-vous plaisir sans culpabiliser avec un yaourt glacé à 1,5 % de matière grasse, élaboré à partir de lait bio de vaches élevées dans la région ! Et, pour l'agrémenter, piochez parmi les ingrédients variés : fruits frais, biscuits artisanaux, céréales bio…

Pour un effet chaud-froid, accompagnez votre *frozen yogurt* d'une boisson chaude choisie dans le bar à chocolats d'origine, allant de 35 % à 85 % de cacao !

20, rue des Carmes • ☎ 09 53 95 15 01 • laboiteameuh.fr • Lun.-ven. 11h30-22h, sam.-dim. 11h30-minuit.

Coq Monsieur

Street food 21

Envie de déjeuner sur le pouce sans passer par la case sandwich ? Hubert et Arnaud vous reçoivent dans une ambiance moderne et conviviale pour vous faire redécouvrir un classique de la cuisine française : le croque-monsieur. Fait maison jusqu'au pain de mie, il se décline selon huit recettes élaborées à partir d'ingrédients frais et locaux.

6, rue Beauregard • coqmonsieur.fr • Lun.-sam. 12h-14h30 et 19h-22h30 • Croque-monsieur dès 7,90 €.

Quartier gourmet

Le quartier Madeleine-Champ de Mars, où se situe la tour LU, regorge de petits et grands restos. Beaucoup sont situés dans et autour de la rue Fouré, à quelques minutes de marche au sud de la tour LU. On vous conseille Totum Bistro, au n° 11, pour ses spécialités 100 % bio, végétariennes et sans gluten ; Ichi-go Ichi-e Ramen, au n° 31, pour le dépaysement ; L'U.ni, au n° 36, pour sa cuisine gastronomique ; ou encore Omija, au n° 54, pour ses plats créatifs.

VOIR AUSSI P. 43 :
Café Bécot 22

Bars, clubs Sorties

Le brie qui court

Bar à fromages 5

Le repaire nantais des fondus de fromage ! Le lieu sert une petite restauration le midi (tartines, raclette, camembert rôti…), mais c'est surtout à l'heure de l'apéro que nous vous le conseillons, pour le choix alléchant de planches, sur lesquelles on retrouve une sélection bien sentie et originale de spécialités fromagères, voire de charcuterie. En tout, une trentaine de fromages sont disponibles, à partager en famille ou entre amis, accompagnés d'un verre de vin ou d'une bière.

22, rue des Carmes • ☎ 06 61 00 22 24 • le-brie-qui-court.business.site • Mar.-ven. 11h30-14h30 et 18h-21h, sam. 11h30-22h30 • Planche autour de 18 €.

Gigg's Irish Pub

Pub 6

Fort d'un choix extensif de bières, cocktails et alcools divers, ce pub irlandais jouit d'un emplacement de choix au cœur de la ville, face à la cathédrale ! Midi et soir, vous pouvez y déguster burgers et plats irlandais (*fish & chips*, *Irish stew*, pie de bœuf à la Guinness…) à arroser d'une bière locale ou étrangère, voire d'un whisky. En somme, un vrai pub, animé et cosmopolite, où assister à des retransmissions de matchs ou à des concerts de musique traditionnelle !

4, pl. Saint-Pierre • ☎ 02 52 10 79 64 • facebook.com/giggsirishpub • Lun.-ven. 9h-2h, sam.-dim. 10h-2h • Happy hour lun.-ven. 17h-20h.

Kitkat Bar

Cocktails 7

Au cœur du quartier Bouffay, ce bar à l'ambiance festive propose toutes sortes de cocktails et shooters : caïpirinha, daïquiri, margarita… et bien sûr des mojitos, la spécialité de la maison, déclinée en plus de 20 recettes originales. À accompagner d'une

Apéro décontracté

Sur le charmant canal Saint-Félix par lequel l'Erdre rejoint la Loire, vous trouverez deux bars-péniches très sympas pour un apéro en toute décontraction. Le Petit Baigneur est une guinguette avec un toit-terrasse orné de fanions et de guirlandes. La Drôle de Barge, elle, accueille régulièrement des concerts et des... tournois (pétanque, fléchettes, Mölkky...) ! Ambiance bon enfant garantie.

planche de charcuterie et de fromage, pour une soirée sympa en couple ou entre amis.

3, rue de la Juiverie • 06 76 46 03 43 • facebook.com/KitkatBarNantes • Dim.-jeu. 17h-2h, ven.-sam. 16h-2h.

Compagnie du Café-Théâtre

Théâtre 8

Le crédo de ce théâtre ? Le rire ! Entre stars de l'humour, artistes confirmés et pépites de demain, la Compagnie accueille one-man/woman shows, pièces comiques, spectacles décalés... De quoi passer un bon moment et muscler ses zygomatiques ! D'autant que le lieu, avec sa petite cour où boire un verre après la représentation, est particulièrement agréable.

6, rue des Carmélites • 02 40 89 65 01 • nantes-spectacles.com • Place à partir de 10 €.

Shopping Cadeaux

Tribü

Boutique de créateurs 6

Légèrement excentrée par rapport aux rues touristiques, cette adresse vaut largement le détour. On s'y procure bijoux, accessoires, vêtements et objets de déco élaborés par une trentaine de créateurs locaux : l'endroit idéal pour dénicher des objets originaux à offrir... ou à s'offrir !

4, rue de l'Hôtel-de-Ville • 02 55 09 09 76 • laboutiquetribu.blogspot.com • Lun.-sam. 10h-19h.

Ping Pong

Boutique de créatrices 7

Fondée par deux créatrices qui la tiennent à tour de rôle, cette adorable boutique ravira les adeptes de bijoux féminins et de belle maroquinerie. Les deux talentueuses Nantaises ont en commun de réaliser des accessoires à la fois élégants et modernes. C'est original, frais, coloré... et parfaitement indispensable !

22, rue des Carmes • facebook.com/pingpongboutique • Lun. 14h-19h, mar.-sam. 10h30-19h.

Les Trésors partagés

Concept store éthique 8

En créant sa charmante boutique, Églantine a fait le pari de

Agent Paper

l'éthique. Elle sélectionne des vêtements, chaussures, bijoux, cosmétiques, accessoires et objets de déco à la fois pour leur qualité et leur respect de critères « responsables ». On y trouve ainsi des articles originaux made in France ou issus du commerce équitable, conçus à base de matières premières recyclées, de coton biologique ou de cuir végétal…

10, rue des Trois-Croissants • lestresorspartages.com • Mar. et sam. 11h-19h, mer.-ven. 11h-13h30 et 14h-19h.

Sacrés Français

Concept store 9

Le parti pris de ce concept store made in France ? Ne proposer que des objets fabriqués en France, avec, en plus, un choix de créations locales. Accessoires tendance, cosmétiques *green*, poster design, objets ludiques et malins… La sélection est large et plaira à un public mixte. Les vendeurs connaissent la provenance de chaque objet et répondent aux questions avec une grande bienveillance.

25, rue des Carmes • ☏ 09 87 36 78 53 • sacres-francais.fr • Mar.-sam. 10h30-19h.

Agent Paper

Papeterie/décoration 10

La marque est née de la démarche écoresponsable d'une imprimerie rennaise qui a eu l'idée d'utiliser les chutes de papier liées à son activité pour créer divers objets de papeterie. Dans la joyeuse boutique nantaise, posters, carnets et bloc-notes côtoient ainsi décorations en carton et animaux en origami, offrant une gamme variée et ludique de créations de papier.

19, rue de la Marne • ☏ 02 51 17 79 47 • agentpaper.com • Lun. 11h-19h, mar.-sam. 10h-19h.

Les Rigolettes Nantaises

Confiserie

11

Bonbon fourré à la pulpe de fruit, dur à l'extérieur et fondant à l'intérieur, la rigolette, qui se décline en une dizaine de parfums, mériterait bien d'être aussi connue que son cousin le berlingot ! Véritable institution nantaise, cette boutique à la belle façade vend ces deux spécialités locales ainsi que beaucoup d'autres. À offrir à tous les becs-sucrés !

18, rue de Verdun • 02 40 48 00 39 • les-rigolettes-nantaises.com • Lun.-sam. 10h-19h.

Activités Détente

Visites guidées à vélo électrique

Nantes est une ville à taille humaine, dont les aménagements urbains visent à favoriser les déplacements à vélo. **Bike'N Tour** l'a compris, qui propose un concept de visites guidées à vélo à assistance électrique avec plusieurs parcours, à la fois agréables et instructifs grâce à des guides jamais avares d'anecdotes. Optez pour une visite avec dégustation : vous découvrirez du même coup les produits et les vins locaux !

***Bike'N Tour** 06 52 62 94 64 • bikentour.com • À partir de 35 € pour 2h de vis. guidée.*

Henry et Henriette

Ateliers DIY

Chez **Henry et Henriette**, une mercerie gaie et colorée, vous trouvererez toutes les fournitures nécessaires à vos projets créatifs. Et si vous avez envie de vous lancer mais ne savez pas par quel bout attaquer votre tricot, pas de panique ! La boutique organise toute l'année des ateliers pour s'initier à la couture, au tricot ou à la broderie. Quel plaisir ensuite de pouvoir dire : «C'est moi qui l'ai fait ! »

***Henry et Henriette**, 8, rue des Trois-Croissants • 02 53 45 02 69 • henryethenriette.com • Mar.-sam. 14h-18h • Ateliers 23-48 €, fournitures incluses.*

LE TOP DES SALONS DE THÉ ET COFFEE SHOPS

Si l'on y sert un grand choix de cafés et de thés de qualité, le critère principal de ces établissements est que l'on s'y sente bien, que l'on y vienne pour goûter de délicieuses pâtisseries, pour déjeuner sur le pouce ou pour faire une pause en milieu de journée.

Café Bécot

Ce coffee shop à la fois joli et cosy propose un large choix de boissons chaudes (thés, chaïs, cafés de spécialité…) ainsi que de succulentes pâtisseries maison.

Voir quartier 2 p. 43.

Dînette

Tout maison, tout bon ! Ce salon de thé charmant et authentique est l'endroit idéal pour se poser le temps d'un goûter, devant des pâtisseries toujours réussies. Le brunch du dimanche est délicieux.

Voir quartier 2 p. 44.

Sugar Blue Café

À la fois chaleureux et central, ce coffee shop concocte des pâtisseries anglo-saxonnes à tomber ! À déguster accompagnées d'une bonne boisson chaude ou d'un thé glacé maison.

Voir quartier 1 p. 30.

La Maison d'Élise

Avec ses cinq maine coons et ses exquises pâtisseries, le seul bar à chats de Nantes plaira autant aux amateurs de félins qu'aux gourmands.

Voir quartier 1 p. 29.

Le Café des Pangolins

Contrairement au bar à chats, ici pas de pangolins ! En revanche, on y trouve un excellent café de terroir torréfié sur place et des pâtisseries maison et bio.

Voir quartier 3 p. 62.

La Maison d'Élise

SAVEURS DE LOIRE-ATLANTIQUE

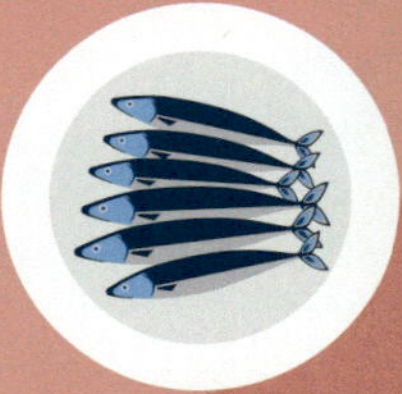

Profitez de votre séjour pour vous initier aux saveurs locales ! Tour d'horizon des spécialités du cru, depuis Nantes, terre maraîchère au terroir prodigue, jusqu'à la côte, où se font sentir saveurs iodées et influences bretonnes.

Les mets à déguster sur place

Proximité de l'océan oblige, la cuisine de Loire-Atlantique laisse la part belle aux **fruits de mer** et **crustacés** (huîtres des Moutiers, crevettes du Croisic…), mais aussi aux **poissons** : sardines et anchois de La Turballe, bar et brochet, que l'on accommodera traditionnellement au beurre blanc (ou « **beurre nantais** »), une sauce au beurre, muscadet et échalotes.

Les **crêperies**, bien présentes à Nantes, sont de plus en plus nombreuses à mesure que l'on se rapproche de la côte. On y sert des **crêpes de froment** et des **galettes de sarrasin** (aussi appelé « blé noir ») bien garnies et arrosées d'une bolée de cidre, dans la plus pure tradition bretonne.

Sel de Guérande

Au moment du fromage, on optera pour **Le Curé Nantais** (p. 133), le **crémet nantais** étant plutôt servi en dessert, accompagné de fruits rouges. Les gourmands finiront sur une note sucrée avec une part de **gâteau nantais** au bon goût de rhum et d'amandes.

Les spécialités à rapporter

• **Douceurs :** berlingots et rigolettes nantaises (p. 50), P'tits Beurre de chez Guerlais (p. 34), niniches de La Baule (p. 114), fondant baulois, caramels au beurre salé.

• **Spécialités de la côte :** sel de Guérande, conserves de poissons, spécialités aux algues (p. 115) ou aux salicornes.

• **Alcools. Vins blancs :** muscadet (p. 142) et malvoisie ; **bières locales :** Brigantine (p. 133), Trompe-Souris, Charlotte, bière du Bouffay… ; et les **sirops Le Nantillais**, à utiliser en cocktail.

LE TOP DES RESTOS DE CUISINE LOCALE

Forte d'un terroir très riche, Nantes est devenue ces dernières années une destination gourmande où une nouvelle génération de restaurateurs concocte une cuisine maison fraîche et inventive, élaborée à partir de produits du marché et proposée à des prix attractifs.

La Mandale

Ce néo-bistrot élégant sert une cuisine créative, qui sublime les produits locaux en introduisant dans ses plats des ingrédients venus d'ailleurs. Un régal pour les papilles et les pupilles !

Voir quartier 5 p. 87.

Glaz

Si on aime ce joli restaurant, c'est autant pour son atmosphère apaisante que pour ses petits plats simples et sains, renouvelés au gré du marché.

Voir quartier 1 p. 28.

Imagine

Ce bistrot design sert des assiettes audacieuses et colorées qui réjouissent les papilles et s'accordent parfaitement avec sa belle carte des vins.

Voir quartier 1 p. 30.

Sépia

En plein cœur de l'île Feydeau, ce restaurant moderne et élégant compose, à partir de produits majoritairement bio, des plats délicats et parfumés aux accents méditerranéens.

Voir quartier 1 p. 31.

Glaz

Café de l'Orangerie

Niché dans la verdure, le restaurant du Jardin des plantes propose une cuisine française sans chichis, fraîche et savoureuse. Idéal l'été en terrasse.

Voir quartier 5 p. 87.

L'ÎLE DE NANTES 3

Ancienne friche industrielle des chantiers navals, l'île de Nantes, longue de 5 km pour 1 km de large, a été entièrement réagencée ces vingt dernières années. Elle est devenue un quartier en vogue, qui abrite un pôle culturel majeur et mêle habitat, aires de jeux, bâtiments administratifs, écoles, entreprises innovantes et espaces verts tels que le jardin des Fonderies (dans la partie est). Découvrez cette île aux multiples visages : branchée, touristique et connectée à son patrimoine historique.

Le célèbre Grand Éléphant dans la Galerie des Machines

1 Passerelle Victor-Schœlcher✦ et palais de justice✦

Traversez la Loire sur cette passerelle de fer et béton armé réalisée en 2001 (architectes : Barto et Barto) pour parvenir au **palais de justice**. Conçu par Jean Nouvel (2000), l'imposant édifice aux lignes géométriques impressionne par son austérité. L'omniprésence du métal est un rappel du riche passé industriel de l'île de Nantes. Les jeux d'ombre et de lumière créés par les nombreuses parois vitrées évoquent quant à eux la puissance et la force de la Justice.

Devant le bâtiment, laissez-vous hypnotiser par l'**œuvre de Jenny Holzer** – un défilement continu de citations sur la justice –, puis pénétrez dans la **salle des pas perdus**. Les lettres lumineuses y affichent cette fois les textes du Code civil et de la Déclaration des droits de l'homme, qui se reflètent à l'infini sur les vitres et le sol poli.

19, quai François-Mitterrand • Accès libre.

❷ Les Machines de l'île✦✦✦

L'ancien site des chantiers navals a été converti dans les années 2000 en un pôle touristique et culturel incontournable qui accueille un ensemble d'attractions originales, désormais emblématiques de Nantes : les Machines de l'île.

La Galerie des Machines✦✦

François Delarozière et Pierre Orefice, les deux concepteurs à l'origine de ce projet artistique aussi fou qu'original, se sont inspirés des créatures de Jules Verne et des automates de Léonard de Vinci pour imaginer une **galerie d'animaux mécaniques fantasmagoriques** : araignée, paresseux, colibri, chenille… Les visiteurs sont invités à manipuler ces créatures qui atteignent plusieurs mètres d'envergure. Du croquis à la machine fonctionnelle, en passant par divers prototypes, le lieu met en lumière le processus créatif entourant la naissance de chaque animal. Les premiers éléments composant le monumental « **Arbre aux hérons** » (p. 71), qui sera inauguré en 2023, y sont déjà visibles : maquette du tronc, branche-prototype et, clou du spectacle, un premier héron de 8 m d'envergure qui survole les visiteurs… Féerique !

Le Grand Éléphant✦✦✦

Bien plus qu'une attraction, l'animal mécanique est devenu un symbole qui contribue largement au rayonnement culturel de Nantes ! Véritable sculpture en mouvement, il impressionne autant par sa stature (12 m de haut, 21 m de long, 48 t d'acier et de bois) que par la délicatesse de ses mouvements, qui le font paraître presque vivant ! Suivez-le dans ses pérégrinations quotidiennes sur l'île pour être témoin de ses gestes et de ses barrissements…

Pause gourmande : La Maison

Dans cette néo-boulangerie au design épuré, on travaille les produits avec les meilleurs ingrédients bio et locaux. Résultat, des pains au levain réputés et des pâtisseries originales, qui sont autant d'invitations au voyage : kanelbullar, bostock, babkatine, cookie umami… À déguster sur place ou sous la Galerie des Machines, située à deux pas. Le midi, un choix de sandwichs créatifs et de petits plats maison est proposé à des prix très raisonnables.

29 *36, rue La Noue-Bras-de-Fer • ☎ 02 28 21 28 07 • maisonarlotcheng.com • Mar.-sam. 8h-19h • Formule plat-dessert-boisson 15 €.*

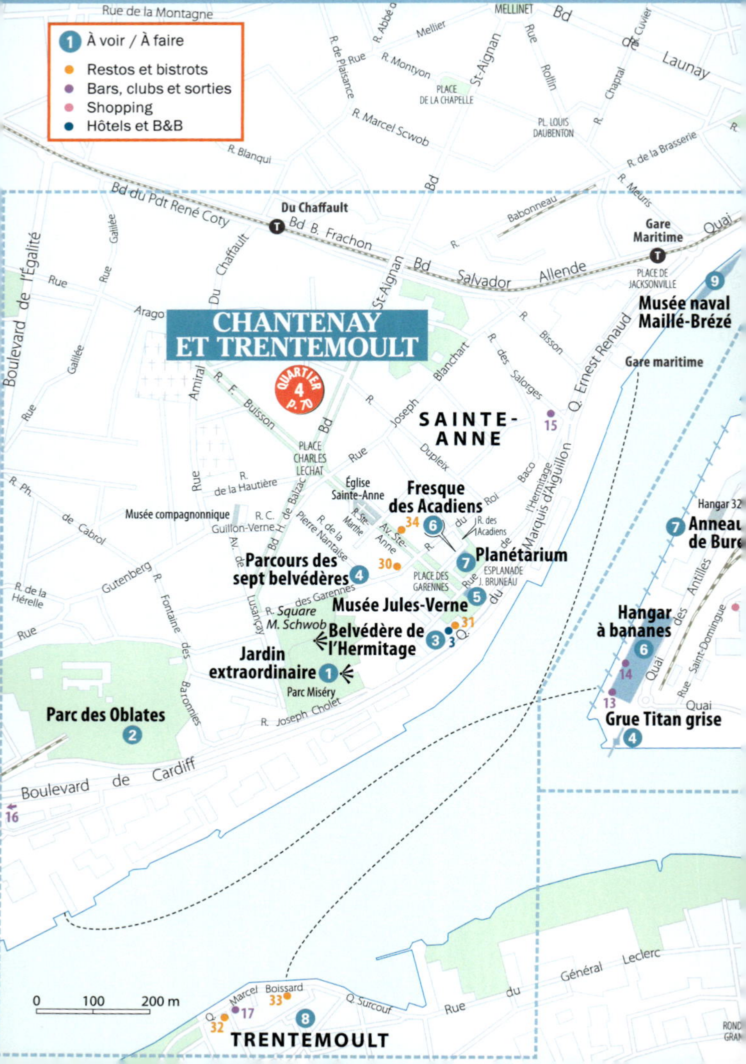

1 À voir / À faire
Restos et bistrots
Bars, clubs et sorties
Shopping
Hôtels et B&B
CHANTENAY ET TRENTEMOULT
QUARTIER 4 p. 70
SAINTE-ANNE
TRENTEMOULT
Jardin extraordinaire 1
Parc des Oblates 2
Belvédère de l'Hermitage 3
Parcours des sept belvédères 4
Musée Jules-Verne 5
Fresque des Acadiens 6
Planétarium 7
8
Musée naval Maillé-Brézé 9
Grue Titan grise 4
Hangar à bananes 6
Anneaux de Buren 7
Hangar 32
Gare maritime
Gare Maritime
Du Chaffault
Église Sainte-Anne
Musée compagnonnique
Parc Miséry
PLACE CHARLES LECHAT
PLACE DES GARENNES
ESPLANADE J. BRUNEAU
PLACE DE JACKSONVILLE
PLACE DE LA CHAPELLE
PL. LOUIS DAUBENTON
MELLINET
Boulevard de Cardiff
Bd du Pdt René Coty
Bd B. Frachon
Bd Salvador Allende
Boulevard de l'Égalité
Q. Ernest Renaud
Quai Marquis d'Aiguillon
Rue de la Montagne
R. Marcel Scwob
R. Blanqui
R. Joseph Cholet
Rue du Général Leclerc
Q. Surcouf
Q. Marcel Boissard
0 100 200 m

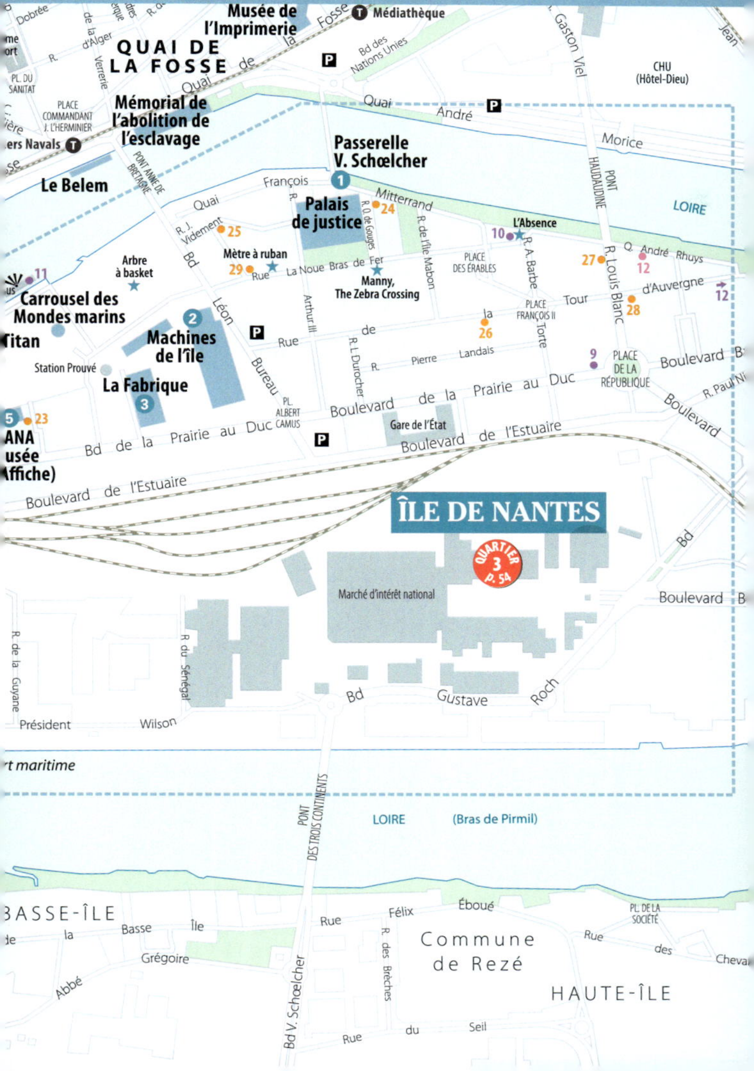
Musée de l'Imprimerie
Médiathèque
QUAI DE LA FOSSE
Bd des Nations Unies
Gaston Viel
CHU (Hôtel-Dieu)
PL. DU SANITAT
PLACE COMMANDANT J. L'HERMINIER
Mémorial de l'abolition de l'esclavage
Quai André
Morice
Passerelle V. Schœlcher
Le Belem
PONT ANNE DE BRETAGNE
Quai François Mitterrand
Palais de justice
24
LOIRE
PONT HAUDAUDINE
R. J. Videment
25
R. O. de Gouges
R. de l'Île Mabon
L'Absence
10
R. A. Barbe
Q. André Rhuys
12
27
Mètre à ruban
29
Rue La Noue Bras de Fer
PLACE DES ÉRABLES
R. Louis Blanc
d'Auvergne
Arbre à basket
11
Manny, The Zebra Crossing
Tour
28
Carrousel des Mondes marins
Bd Léon Bureau
Arthur III
PLACE FRANÇOIS II
la Torte
Titan
Machines de l'île
2
Rue de
R. L. Durocher
26
Station Prouvé
R. Pierre Landais
9
PLACE DE LA RÉPUBLIQUE
Boulevard
La Fabrique
3
PL. ALBERT CAMUS
Boulevard de la Prairie au Duc
R. Paul Ni
5
23
Bd de la Prairie au Duc
Gare de l'État
Boulevard de l'Estuaire
ANA
Boulevard de l'Estuaire
ÎLE DE NANTES
QUARTIER 3 P. 54
Marché d'intérêt national
R. de la Guyane
R. du Sénégal
Boulevard
Bd Gustave Roch
Président Wilson
PONT DES TROIS CONTINENTS
LOIRE (Bras de Pirmil)
BASSE-ÎLE
la Basse Île
Grégoire
Abbé
Rue Félix Éboué
R. des Brèches
Commune de Rezé
PL. DE LA SOCIÉTÉ
Rue des Cheva
HAUTE-ÎLE
Bd V. Schœlcher
Rue du Seil

Le Grand Éléphant devant le Carrousel des Mondes marins

mais prenez garde de ne pas vous faire arroser par le jet d'eau qui jaillit de sa trompe ! Vous pouvez aussi choisir d'embarquer sur son dos pour une balade inoubliable.

Le Carrousel des Mondes marins⁺⁺⁺

N'hésitez surtout pas à faire un **tour de manège** : avec ses 25 m de haut, ce superbe carrousel ravira petits et grands. Prenez ensuite le temps de parcourir ses trois étages pour observer les **36 créatures marines** qui semblent tout droit sorties de l'imaginaire de l'auteur de *Vingt Mille Lieues sous les mers* !

Au niveau inférieur, les **fonds marins** recèlent un crabe géant ou encore un calamar à rétropropulsion ; au niveau intermédiaire, les abysses sont habités du luminaire des grands fonds, du poisson pirate, etc. ; au niveau supérieur, la surface de la mer accueille différentes embarcations : un serpent de mer, des méduses…

Le dernier étage offre une **vue imprenable** sur les quais de l'île de Nantes et l'éléphant qui les sillonne.

*Parc des Chantiers, bd Léon-Bureau • ☎ 08 10 12 12 25 • lesmachines-nantes.fr • Horaires variables : voir le site web • F. début janv.-mi-fév. • Pass Nantes : accès gratuit à la Galerie des Machines ou bien au Carrousel (et -1,60 € sur le tarif plein de l'autre) ; tarifs famille • **Galerie et éléphant** (3 parcours de 30 min) : plein tarif 8,50 € (gratuit -4 ans)*

***• Carrousel :** 1 tour + vis. : plein tarif 8,50 € (gratuit -1 an), tour supplémentaire 3 € ; vis. seule : plein tarif 6,30 € (gratuit -4 ans).*

3 La Fabrique*

Cet espace dédié aux musiques actuelles, aux arts numériques et aux pratiques émergentes se situe au cœur du « **quartier de la Création** » (encadré).

L'un des lieux phares de cette Fabrique est la **salle de spectacle Stereolux**. Elle accueille des concerts de musiques actuelles et des installations numériques, et organise chaque année au mois de septembre le **festival transdisciplinaire Scopitone**, au croisement de la musique, de l'image et du spectacle vivant.

Promenez-vous dans le quartier pour y découvrir graphes et œuvres d'art décalées.

***Stereolux :** 4, bd Léon-Bureau • ☎ 02 40 43 20 43 • stereolux.org.*

4 Balade entre les grues Titan**

Poursuivez votre **balade le long des quais**. Les deux grues « Titan », du nom du modèle produit par la société nantaise Joseph Paris, témoignent du passé industriel de Nantes. Classées monument historique, elles servaient autrefois à la construction navale (p. 66).

La **grue jaune** (1954) mesure 43 m, la **grise** (1966), 47 m. Au pied de la première se trouvent les anciennes **cales de construction de sous-marins et de bateaux**.

Suivez la Loire vers l'ouest depuis le **parc des Chantiers**. La **ligne verte du Voyage à Nantes** vous indiquera plusieurs œuvres d'art, parmi lesquelles *Les Anneaux* de Buren et *Résolution des forces en présence* de V. Mauger (p. 36). Cette balade bucolique permet en outre d'admirer, de l'autre côté du fleuve, le **quai de la Fosse** et le joli dôme de l'église Notre-Dame-de-Bon-Port, inscrite au titre des monuments historiques.

Parc des Chantiers, pointe ouest de l'île de Nantes.

Une île d'art et de création

À proximité des Machines de l'île, le **quartier de la Création** rassemble écoles, start-up, entreprises créatives et cantine numérique. Il a vocation à devenir un pôle d'excellence européen en matière d'arts et de culture. Ce n'est donc pas un hasard si l'île de Nantes compte un nombre impressionnant d'œuvres d'art dans l'espace public, qu'elles soient issues du Voyage à Nantes (p. 36) ou du parcours Estuaire (p. 96).

Exemples rue de La Noue-Bras-de-Fer : au n° 19, tendez l'oreille devant l'**immeuble Manny**, recouvert d'un enchevêtrement de métal : il abrite *Air*, œuvre sonore de Rolf Julius. Au n° 34, c'est un **mètre à ruban géant**, de Lilian Bourgeat (p. 96), qui intrigue et émerveille.

5 MANA✦ (musée de l'Affiche de Nantes)

Xavier Thébault, collectionneur d'affiches depuis 20 ans, a ouvert en 2019 ce petit musée, qui propose trois expos annuelles. On y découvre une centaine d'affiches originales, rassemblées autour d'un thème ou bien retraçant une période historique particulière.

La boutique du musée vaut le détour à elle seule : vous y dénicherez à coup sûr LA perle rare à exposer dans votre salon !

26, mail des Chantiers • ☎ 06 75 83 26 64 • le-mana.com • Mer.-sam. 11h-19h, dim. 12h-18h • Entrée 5€, gratuit -12 ans • Accès libre à la boutique.

6 Hangar à bananes✦

De 1929 au début des années 1970, ce long hangar au bord de la Loire, qui totalisait 8 000 m² d'entrepôts entièrement climatisés, a servi au mûrissement des bananes qui arrivaient par bateau des Antilles, de Guinée et de Côte d'Ivoire. Réhabilité en 2007, il est aujourd'hui l'un des lieux de sortie préférés des Nantais.

Bars, restaurants, clubs (**Warehouse**, p. 64), salles de concert (**Le Ferrailleur**, p. 64) galerie d'art (la Hab Galerie), théâtre (le Théâtre 100 noms)… On peut s'y divertir, y boire et y manger à toute heure du jour et de la nuit ! De fin avril à début octobre, ne manquez pas la **Cantine du Voyage**, un restaurant

Le Hangar à bananes, sur le quai des Antilles

éphémère et convivial. Ambiance à la cool avec de larges tables en bois brut et un menu unique et bon marché composé de produits locaux (les légumes proviennent du potager du restaurant).

Quai des Antilles • Horaires variables selon les établissements.

7 Anneaux de Buren✦✦

Le **quai des Antilles** est jalonné de 18 anneaux monumentaux qui rappellent les chaînes emprisonnant les esclaves lors du commerce triangulaire : ils ont été créés en 2007 par le plasticien Daniel Buren et l'architecte Patrick Bouchain.

L'œuvre, conçue dans le cadre du **parcours Estuaire** (p. 96), s'apprécie à toute heure. Le jour, ces *Anneaux* offrent une perspective inédite sur la Loire ; la nuit, ils s'auréolent de rouge, de vert et de bleu : une vision à la fois géométrique et poétique.

Restos Bistrots

We love soupes

Bar à soupes 23

L'objectif de manger cinq fruits et légumes par jour sera bien vite atteint grâce aux délicieuses soupes proposées par ce petit comptoir situé à l'ouest de l'île de Nantes. Optez pour le velouté du jour, histoire de faire le plein de vitamines grâce aux légumes de saison, ou bien choisissez une soupe-repas à la fois saine et nourrissante, qui vous fera voyager en Iran, en Inde ou encore au Japon.

Rue Magdeleine • ☎ 02 40 48 46 99 • welovesoupes.com • Lun.-ven. 11h-14h, mer.-ven. 19h-21h • Soupes 4,50-9 €.

Le 1

Restaurant bistronomique 24

Situé en bord de Loire, à deux pas du palais de justice, ce restaurant lumineux, à mi-chemin entre brasserie et grande cuisine (comme l'indique le terme « bistronomique »), élabore une cuisine terre et mer faisant la part belle aux produits du terroir. De succulentes tapas y sont également servies en continu toute la journée : vous pourrez les savourer sur la terrasse avec vue sur la Loire ou bien dans l'étonnant tipi conçu dans le cadre du Voyage à Nantes. Le jeudi, une dégustation de vins est organisée avant le dîner.

1, rue Olympe-de-Gouges • ☎ 02 40 08 28 00 • leun.fr • T.l.j. 9h-23h • Formule entrée-plat ou plat-dessert 19 €.

Paola - Le Clan des Mamma

Pizzeria 25

Envie d'une pizza maison, généreuse et croustillante ? Rendez-vous chez Paola, où la pâte est pétrie, puis laissée à maturer pendant 48h avant d'être garnie des meilleurs ingrédients venus d'Italie. Un résultat tout simplement délicieux ! Avec sa déco chaleureuse alliant bois clair et végétal, le restaurant se prête aussi bien à une soirée entre amis qu'à un cocktail en amoureux.

2, rue Julien-Videment • ☏ 09 83 41 78 59 • leclandesmamma.com/paola-nantes • T.l.j. 12h-14h et 19h-22h • Pizza autour de 14 €.

Paws

Hot-dogs 26

Concilier street food et qualité ? C'est le pari réussi de Paws, qui réinvente le classique américain du déjeuner sur le pouce en composant des hot-dogs à base de produits principalement bio et surtout locaux. De plus, ce plat unique se décline en plusieurs recettes savoureuses et inventives, et tout est fait maison, du pain brioché au ketchup.

31 bis, rue de la Tour-d'Auvergne • ☏ 06 58 36 19 69 • facebook.com/PawsHotdog • Mar.-ven. 11h30-14h30, sam. 11h30-16h • Hot-dog à partir de 6 €.

Paola - Le Clan des Mamma

Le Café des Pangolins

Café/petite restauration 27

Dans ce lieu très cosy, le café de terroir est torréfié sur place et se déguste en expresso, cappuccino, *cold brew* ou autres cocktails de cafés. On peut aussi se régaler de pâtisseries tout au long de la journée et d'une petite restauration maison le midi, le tout préparé essentiellement avec des produits bio et/ou locaux.

17, rue de la Tour-d'Auvergne • ☏ 06 67 01 37 31 • lecafedespangolins.fr • Mar. 12h-14h30, mer.-sam. 10h-20h, dim. 11h-17h.

Petit B

Coffee shop/librairie arty 28

Dans ce charmant petit établissement, on vous accueille avec le sourire pour un café ou un déjeuner concocté avec des produits frais du cru, le plus souvent bio. Bon choix végétarien, voire végan. Chez Petit B, vous pouvez également admirer des expositions et vous procurer affiches graphiques, livres d'artistes

La compagnie Royal de Luxe

La célèbre compagnie de théâtre de rue fondée par Jean-Luc Courcoult est basée à Nantes, où elle a produit de nombreux spectacles attirant à chaque fois des centaines de milliers de personnes. Après avoir créé certaines des machines utilisées pour ces spectacles, François Delarozière, qui a fondé en 1999 sa propre compagnie de théâtre de rue La Machine, a proposé à la Ville de Nantes le projet artistique des Machines de l'île. La figure de proue est une réplique améliorée de l'éléphant du spectacle *La Visite du sultan des Indes sur son éléphant à voyager dans le temps*, produit en 2005 pour le centenaire de la mort de Jules Verne. La Machine présente aussi régulièrement de nouveaux spectacles et happenings dans Nantes.

et fanzines décalés. À compulser en se régalant de l'une des excellentes pâtisseries maison!

6, rue Louis-Blanc • ☏ 09 52 13 85 30 • facebook.com/petitbcafelibrairie • Déj. lun.-sam. ; déj. et goûter mer. et sam.

VOIR AUSSI P. 55

La Maison 29

Bars, clubs Sorties

44 Tours

Bar/disquaire 9

Bienvenue dans un lieu hybride et chaleureux, à la fois bar, disquaire et label de musique électronique. On y va en fin d'après-midi pour boire un verre et passer un vinyle sur l'une des deux platines à disposition, ou bien le soir pour assister aux DJ sets intimistes d'artistes locaux. Goûtez le « Pom'pom », un apéritif à base de calvados et de jus de pomme fermier, issu d'une recette familiale de la patronne.

4, bd de la Prairie-au-Duc • facebook.com/44tours • Mar.-sam. 16h-2h • Disques 3-30 €.

L'Absence

Bar 10

Ici, le glaçon n'est pas dans le verre, c'est le verre qui est dans le glaçon! Avec ses parois bleu ciel aux formes accidentées, cette étonnante **sculpture** au look d'iceberg (p. 96) est aussi un bar cosy qui s'ouvre l'été sur une terrasse face à la Loire.

À noter : L'Absence est situé au pied de l'**école d'architecture**, dont le toit-terrasse, surnommé « la place haute », est accessible aux heures d'ouverture de l'école et offre une **vue panoramique** de Nantes et du fleuve.

6, quai François-Mitterrand • ☏ 02 55 09 12 79 • facebook.com/LAbsenceNantes • Lun.-sam. 12h-22h.

Levrette Café

Bar 11

Ce bar flottant, très convivial, est situé sur le toit-terrasse du **Nantilus**, une barge de 57 m de long amarrée au parc des Chantiers, face au Carrousel des Mondes marins. Accueil chaleureux, déco de style industriel, grand choix de bières (près de 130 !) et de spiritueux (plus de 90 références), vue imprenable sur la Loire... Que demander de plus ?

Parc des Chantiers, 30, quai Fernand-Crouan • ☏ 09 86 66 60 13 • levrettecafe.fr • Mar.-mer. 17h-minuit, jeu.-ven. 17h-2h, sam. 15h-2h.

Guinguette du Belvédère

Bar 12

Cette structure en bois et métal sur pilotis prend vie aux beaux jours. En journée, ce lieu propose des ateliers créatifs et de bien-être pour adultes et enfants. Le soir, on y vient en famille ou entre amis déguster, face à la Loire, cocktails, vins naturels ou jus de fruits bio, en grignotant une planche apéritive. Et l'on y reste – jusque très tard parfois – écouter des concerts !

23, quai Gaston-Doumergue • Tram 2 ou 3, arrêt Vincent-Gâche • ☏ 06 20 35 79 62 • facebook.com/guinguettedubelvedere • Avr.-sept., lun.-mar. 17h-minuit, mer.-dim. 12h-minuit • Vin au verre à partir de 3 €, cocktail env. 6 €.

Le Ferrailleur

Club/salle de concert 13

Une salle de concert et de clubbing petite par la taille mais grande par sa réputation, particulièrement chez les amateurs de métal et de rock ! La scène accueille toute l'année des groupes confirmés mais aussi des pépites locales moins connues : de quoi faire de belles découvertes ! Les concerts sont suivis de DJ sets électro, hip-hop, rock ou reggae... pour danser jusqu'au bout de la nuit ! L'été, concerts gratuits en terrasse.

Hangar à bananes, quai des Antilles (pointe ouest) • ☏ 02 51 82 86 41 • leferrailleur.fr • Été mar.-jeu. 14h-2h, ven.-sam. 14h-4h, dim. 14h-minuit, f. lun. ; hiver mer.-jeu. 18h-2h, ven.-sam. 17h-4h, dim. 18h-minuit, f. lun. et mar. sauf en cas de concert.

Warehouse

Club 14

Fans d'électro et de clubbing ? Ne manquez pas ce club, le plus grand de l'Ouest ! Sa programmation attractive, entre concerts de groupes internationaux et DJ sets de stars de la musique électronique, en fait l'un des lieux de sortie les plus prisés de la jeunesse nantaise. En 2020, il a été classé 3e meilleur club français par le magazine *DJ Mag*, référence en matière de musique électronique.

Hangar à bananes, 21, quai des Antilles • warehouse-nantes.fr • Jeu.-sam. minuit-6h • Entrée à partir de 10 € (vestiaire : cintre 2 €, sac 4 €).

Shopping Cadeaux

Castelanne

Chocolaterie 12

Le maître chocolatier Castelanne a trois boutiques à Nantes. Dans celle-ci, adossée à son atelier de fabrication, il propose un large éventail de spécialités gourmandes : ganaches, tablettes de grands crus et créations chocolatées inédites variant au fil des saisons. Ne manquez pas les coffrets de chocolats à l'effigie des icônes nantaises (Jules Verne, Belem, Machines de l'île…).

8, quai André-Rhuys • ☏ 02 40 35 52 55 • castelanne.com • Lun.-sam. 7h-19h • Tablette de chocolat à partir de 6,90 €, coffrets 16,50-87 €.

La Cale 2 Créateurs

Expositions/concept store 13

Au pied de la grue Titan jaune, cette ancienne cale de lancement de bateaux est désormais un lieu consacré à la création, avec un espace d'exposition de 200 m² tout en longueur qui met en avant des artistes locaux (peintres, photographes, sculpteurs ou vidéastes). C'est aussi un concept store spécialisé dans les créations textiles, où l'on chine de petites pépites de créateurs régionaux… Salon de thé et petite restauration sur place.

Parc des Chantiers • ☏ 09 50 97 46 91 • facebook.com/lacale2createurs • Mer. et

Castelanne

ven.-dim. 14h-19h • En juil.-août, pendant Le Voyage à Nantes (p. 36), t.l.j. sf lun. 12h-19h.

Le Comptoir du Solilab

Vente d'occasion 14

Ce magasin solidaire déploie sur 400 m² vêtements, accessoires, équipement pour la maison, petit et gros électroménager… Près de 10 000 articles en rayon, avec des nouveautés tous les jours. En bref : le paradis des bonnes affaires !

8, rue Saint-Dominque • ☏ 02 40 77 87 38 • ecossolies.fr • Mar.-sam. 11h-14h et 15h-18h45.

LE PASSÉ NAVAL ET COLONIAL DE NANTES

L'histoire de Nantes est résolument tournée vers la mer. Hier grand port de commerce et pilier de la construction navale atlantique, la ville a aussi été pendant longtemps l'une des places fortes du commerce triangulaire.

Le développement des activités portuaires

De par sa position privilégiée, à 50 km de l'océan et à la confluence de la Loire, de l'Erdre et de la Sèvre Nantaise, Nantes jouit depuis toujours d'une **situation privilégiée** pour le commerce maritime. Si les premières activités portuaires remontent à l'époque romaine, elles se développent surtout à partir du Moyen Âge. Nantes devient alors un **port commercial**, les navires emportant dans leurs cales sel, blé et vin. Au XIIIe s., sa **construction navale** commence à être reconnue.

Grue Titan jaune (parc des Chantiers)

Chantiers navals…

L'essor des chantiers navals les oblige, au fil des siècles, à se déplacer pour s'étendre. Ils quittent le centre-ville pour **Chantenay** et pour la Prairie-au-Duc, partie ouest de l'actuelle **île de Nantes.**

Aux XVIIe et XVIIIe s., Nantes est l'un des ports français les plus actifs, avec une importante **flotte de navires**. Au milieu du XIXe s., les chantiers sont florissants : ils emploient 7 600 personnes. Mais très vite, en raison de la concurrence internationale et du transfert progressif des activités industrielles vers **Saint-Nazaire**, les différents chantiers doivent se regrouper sur la Prairie-au-Duc puis réduire leurs effectifs.

En 1987, la **fermeture des chantiers navals** met un point final aux activités industrielles et portuaires de Nantes.

… et traite négrière

Le développement du port de Nantes est étroitement mêlé à celui du **commerce triangulaire**, auquel la ville prend part du XVIIe au milieu du XIXᵉ s., jusqu'à devenir la première ville française en nombre d'expéditions négrières. Les navires nantais ont ainsi transporté plus de 550 000 captifs noirs vers les colonies, contribuant à l'enrichissement des armateurs… et de la cité. L'**abolition de l'esclavage** en 1848 mettra fin à ce commerce.

Cet épisode de l'histoire de la ville fait aujourd'hui l'objet d'un **parcours urbain** jalonné de 11 panneaux explicatifs, disposés entre le **musée d'Histoire de Nantes** (p. 40) et le **Mémorial de l'abolition de l'esclavage** (p. 26).

La reconversion du patrimoine industriel

Sur la pointe ouest de l'**île de Nantes**, les anciennes friches des **chantiers navals** ont fait l'objet d'un travail de restauration et de réaménagement afin de valoriser cet héritage industriel. Les gigantesques **nefs Dubigeon**, qui abritaient les navires en construction, hébergent désormais le pôle culturel rassemblant les **Machines de l'île** et **La Fabrique**.

Sur le **quai des Antilles** où arrivaient les esclaves, *Les Anneaux* de Buren rappellent les chaînes qui les emprisonnaient. Quant au **Hangar à bananes**, qui servait au stockage et au mûrissement de ces fruits importés, il est désormais un lieu de sortie très prisé (p. 60, 64).

Parmi les autres produits qui arrivaient des colonies, on peut citer le sucre, dès le XVIIᵉ s. En 1935, **Louis Say** fait construire une raffinerie destinée à traiter le sucre de canne antillais : l'usine (Beghin-Say, puis Téréos), surnommée la « boîte bleue », est une curiosité que l'on peut toujours apercevoir sur les quais sud de l'île de Nantes.

Quai des Antilles : l'ancien Hangar à bananes réhabilité

LA LOIRE À VÉLO

Cette véloroute balisée de 900 km sillonne le pays depuis Cuffy, dans le Cher, jusqu'à Saint-Brevin en passant par Nantes. Facile à pratiquer, elle permet de découvrir en famille les châteaux, villes, villages et vignobles qui jalonnent le plus long fleuve de France. Son parcours ouvre l'EuroVelo 6, un itinéraire qui, en France, relie l'Atlantique au Rhin, puis se poursuit jusqu'à la mer Noire, soit près de... 4 500 km !

Au départ de Nantes

La Loire à Vélo traverse la métropole nantaise, entre Angers et Saint-Brevin. Voici une **proposition d'itinéraire** le long du fleuve, au départ de Nantes.

◗ Depuis la gare sud de Nantes, rejoindre le pont de Tbilissi pour traverser le **canal Saint-Félix**. Rouler vers l'O le long de la Loire en suivant le fléchage « **La Loire à Vélo** ».

◗ En longeant le **quai de la Fosse**, on passe devant le **musée naval Maillé-Brézé** (p. 74). De l'autre côté du bras de Loire, on aperçoit sur l'**île de Nantes** les deux **grues Titan** et ***Les Anneaux* de Buren** (p. 59). Poursuivre vers l'O en bordure du **quartier Chantenay** ; par le bd de Cardiff, longer le **Jardin extraordinaire** (p. 70) puis traverser la zone portuaire.

◗ Continuer le long de la Loire jusqu'à la ville d'**Indre**. Sur l'embarcadère du bac, côté Sud Loire, on peut voir une des œuvres du parcours Estuaire (p. 96) : ***Serpentine rouge*** de Jimmie Durham.

◗ Poursuivre ensuite jusqu'à **Couëron**. On peut s'attarder sur le **quai Jean-Pierre-Fougerat** pour regarder le fleuve : on y voit pointer la **Maison dans la Loire** (p. 97), œuvre réalisée aussi pour le parcours Estuaire par Jean-Luc Courcoult, fondateur de la compagnie Royal de Luxe (p. 63).

◗ Retour par le TER Couëron-Nantes.

Itinéraire de 18 km • Env. 1h15 • Niveau : facile • TER Couëron-Nantes : 19 trajets/j., durée 15 min en moyenne.

Franchir la Loire sur les bacs

Sur le périmètre de la métropole nantaise, de **Mauves-sur-Loire**, à l'E, à **Couëron** à l'O, l'itinéraire La Loire à Vélo se dédouble pour pouvoir être suivi sur les deux rives de la Loire. Plusieurs ponts franchissent le fleuve, vous faisant passer de l'une à l'autre, mais ne manquez surtout pas les **bacs de Loire** : ces deux embarcations insolites permettent de relier gratuitement avec votre vélo **Basse-Indre** et **Indret** ainsi que **Couëron** et **Le Pellerin.**

inforoutes.loire-atlantique.fr • Bac Basse-Inde-Indret : toutes les 15 min 5h30-22h30 • Bac Couëron-Le Pellerin : toutes les 20 min, 6h30-20h30, dim. et j. fériés 6h30-21h20.

Votre vélo dans le train

Si les vélos sont acceptés gratuitement et sans réservation dans les TER, les **trains « La Loire à Vélo »**, qui circulent de mi-juin à mi-sept., sont spécialement aménagés pour acheminer les vélos des voyageurs munis d'un titre de transport entre Orléans, Tours, Nantes, Saint-Nazaire et Le Croisic. Plusieurs villes côtières sont desservies.

Et aussi : la côte le long de la Vélocéan

Pendant cyclable du sentier côtier, **Vélocéan** est un itinéraire aménagé le long des côtes de Loire-Atlantique, de Mesquer au nord à Bourgneuf-en-Retz au sud. Au nord de l'estuaire, elle suit les villages côtiers avant de bifurquer vers **Guérande**, en suivant les marais salants, rejoignant ensuite la côte au niveau de **La Baule**. Au sud de l'estuaire, elle suit en grande partie **La Vélodyssée**, une véloroute de 1 200 km qui traverse la Bretagne et longe l'Atlantique jusqu'à la côte basque.

Pour plus d'infos : lavelodysee.com • velo.enpaysdelaloire.com • francevelo tourisme.com/itineraire/velocean.

INFORMATIONS PRATIQUES

- **Toutes les infos sur l'itinéraire « La Loire à Vélo »** : loireavelo.fr.
- **Locations de vélo à Nantes** : voir p. 149.
- **Bon à savoir** : les loueurs détenteurs de la marque « Accueil Vélo » proposent des accessoires et services supplémentaires pour faciliter votre parcours (livraison des vélos, etc.).
- **Calcul des itinéraires à vélo sur Nantes et son agglo** : geovelo.fr/nantes.
- **Neuf balades autour de Nantes** : francevelotourisme.com/itineraire/nantes-velo-tourisme.

La Loire à Nantes

CHANTENAY ET TRENTEMOULT 4

Après l'île de Nantes, le Bas-Chantenay est le nouveau quartier en développement à Nantes : la zone située en bord de Loire, autour de l'ancienne carrière Misery, accueillera dans les prochaines années un pôle culturel majeur autour du Jardin extraordinaire et surtout du monumental « Arbre aux hérons ». Sans attendre son ouverture, Chantenay permet dès aujourd'hui de prendre de la hauteur sur la ville grâce à la butte Sainte-Anne, jalonnée de musées originaux et de points de vue exceptionnels sur la Loire et l'ouest de l'île de Nantes.

Cascade du Jardin extraordinaire

Voir le plan p. 56

1 Jardin extraordinaire✦✦

Conçu en hommage à l'univers féerique des *Voyages extraordinaires* de Jules Verne, cet espace vert jouxtera à terme l'Arbre aux hérons (encadré p. 71). Abrité par la falaise de l'ancienne **carrière de granit Misery**, qui lui offre un microclimat clément, il est planté de près de 200 variétés de plantes exotiques : hibiscus, bananiers, papyrus, lotus, yuccas...

Le jardin est relié au **square Maurice-Schwob**, un agréable parc familial, par l'Escalier de la falaise dessiné par François Delarozière, concepteur du Grand Éléphant (p. 55). Montez ses 177 marches, sur 28 m de dénivelé, pour admirer d'en haut le jardin et sa cascade.

Bd de Cardiff • ☏ 02 40 41 65 09 • jardins.nantes.fr • Été 9h-19h30, printemps et automne 9h-18h15, hiver 9h-17h15 • Entrée libre.

2 Parc des Oblates✦

Ce parc de 3 ha, perché en haut de la **butte Sainte-Anne**, délivre une vue plongeante sur la Loire. Très apprécié des familles, il comporte deux **aires de jeux**, l'une pour les tout-petits, avec sable et jeux en bois, l'autre pour les grands, avec toboggan géant et tyroliennes.

Aménagé sur un ancien jardin de couvent, il ravira également les promeneurs à la recherche d'une immersion dans la nature, grâce à ses **vergers** et à sa prairie où pâturent des moutons.

Rue Philippe-de-Broca • ☎ 02 40 41 65 09 • jardins.nantes.fr • Été 9h-20h, printemps et automne 9h-18h30, hiver 9h-17h30.

3 Belvédère de l'Hermitage✦

Une passerelle de métal de 36 m de long, enchâssée dans une structure composée de minces planches de bois entrecroisées… le belvédère de l'Hermitage (p. 36) émerge de la falaise tel un nid monumental.

Installé par l'artiste japonais Tadashi Kawamata dans le cadre du Voyage à Nantes 2019, il s'élève à 20 m du sol et ménage une **vue panoramique sur la Loire**. Il est aussi un emplacement de choix pour contempler l'œuvre ***Lunar Tree***, arbre blanc de 12 m de haut, créé par Mrzyk & Moriceau dans le cadre du parcours Estuaire (p. 96).

5, rue de l'Hermitage • nantes-tourisme.com • Accès libre t.l.j. 9h30-19h.

4 Parcours des sept belvédères✦

Le belvédère de l'Hermitage fait partie d'une promenade piétonne comptant **sept points de vue sur la Loire**. D'ouest en est : les belvédères de l'**escalier de Lusançay** puis de l'**avenue de Lusançay**, le **phare de la Loire** dans le square Maurice-Schwob, le **belvédère des Rêveries** rue des Garennes, celui de l'**Hermitage**, le point de vue du haut de la **butte Sainte-Anne**, et enfin celui de l'**esplanade Jean-Bruneau**.

Carte sur nantes-tourisme.com/fr/visite/parcours-des-7-belvederes.

Un arbre fantastique

Le site du Jardin extraordinaire accueillera en 2023 une nouvelle création à la fois monumentale et féerique de la compagnie La Machine, responsable des Machines de l'île (encadré p. 63).
L'Arbre aux hérons mesurera 35 m de haut pour 55 m de diamètre et sera constitué de 22 branches d'acier abritant des jardins suspendus, peuplés d'un bestiaire fantastique actuellement visible dans la Galerie des Machines (p. 55). Deux hérons de métal de 15 m d'envergure transporteront des passagers dans des nacelles pour un vol à 45 m du sol. Un projet à suivre… pour programmer un nouveau séjour nantais !

Musée Jules-Verne et butte Sainte-Anne

5 Musée Jules-Verne✦

Unique en son genre, ce musée installé au pied de la statue de sainte Anne célèbre le plus illustre des romanciers nantais, qui habitait Nantes enfant et passait ses vacances à Chantenay (p. 78). Les amateurs de l'auteur de *Vingt Mille Lieues sous les mers* y trouveront des manuscrits, des livres et des extraits d'œuvres, ainsi que divers objets en lien avec l'univers vernien (affiches, jeux, scaphandre, maquettes de sous-marins…) ou ayant appartenu à l'écrivain.

Une visite à recommander aux adultes et aux enfants assez grands pour prendre le temps de s'intéresser aux différents objets.

3, rue de l'Hermitage • ☎ 02 40 69 72 52 • julesverne.nantesmetropole.fr • Dim.-lun. et mer.-ven. 14h-18h, sam. 10h-12h et 14h-18h ; f. mar. et j. fériés • Entrée 3 € (réduit 1,5 €), gratuit -18 ans, Pass Nantes, Pass inter-musées et 1er dim. du mois (hors été).

6 Fresque des Acadiens

Cette peinture murale réalisée en 1993 par l'artiste américain Robert Dafford illustre un épisode

Pause bio : Bloom

Plus qu'un salon de thé, Bloom est un lieu de vie où l'on peut lire, acheter des objets de créateurs et des vêtements d'occasion ou même participer à des ateliers… Ce lieu atypique est l'endroit parfait pour une halte gourmande. Le midi, de petits plats sains, bio et maison raviront vos papilles. L'après-midi, place aux pâtisseries, à déguster avec un thé ou un chocolat chaud, pour un maximum de réconfort.

34 *18, av. Sainte-Anne • ☎ 09 81 64 52 32 • bloomteashop.com • Mar.-ven. 12h-18h ; sam. 10h-18h • Pâtisseries 3-5,50 €.*

Maisons colorées de Trentemoult

de l'histoire locale : en 1755, les Acadiens, chassés d'Amérique par les Anglais, furent déportés, notamment en France.

Près de 2000 Acadiens ont ainsi vécu à Nantes de 1775 à 1785, principalement dans le quartier Chantenay. À la suite d'un accord politique, ils repartirent en Amérique en 1785, à destination de la Louisiane, où se trouve aujourd'hui une fresque illustrant leur arrivée, peinte en 1999 par Robert Dafford. Une reproduction de l'œuvre américaine jouxte désormais la fresque nantaise.

2, rue des Acadiens.

7 Planétarium✦

Rénové et agrandi en 2021, le planétarium offre aux amoureux du cosmos une programmation riche, régulièrement renouvelée. Prenez place dans l'un des confortables fauteuils et laissez-vous transporter jusqu'aux confins de la galaxie grâce à des présentations immersives et pédagogiques ! Des séances spéciales ainsi que des ateliers sont proposés aux enfants pendant les vacances.

8, rue des Acadiens • ☏ 02 40 73 99 23 **facebook.com/planetariumdenantes** ***• Résa conseillée • Entrée 6 €, réduit 3 €.***

8 Trentemoult✦✦ en Navibus

Le Navibus constitue une attraction en soit : pour le prix d'un simple ticket de bus, on peut traverser la Loire. Et c'est encore mieux quand on embarque pour une destination telle que Trentemoult.

Cet ancien village de pêcheurs peuplé de **maisons colorées** et d'**ateliers d'artistes** fera la joie des promeneurs… et des instagramers ! Profitez de la douceur de cette petite ville du sud de la Loire en déambulant dans son dédale de ruelles typiques avant d'aller boire un verre de muscadet sur le **port**.

Trajet en Navibus de Chantenay (arrêt Gare maritime) à Trentemoult (ville de Rezé, arrêt Trentemoult-Roquios) • Horaires sur tan.fr • Infos sur les expos et les ateliers d'artistes sur artistesvisuelstrentemoult.eu.

9 Musée naval Maillé-Brézé✦

Cet ancien **escorteur d'escadre**, classé monument historique, offre un témoignage vivant de l'histoire maritime française. Il officia de 1957 à 1988, avec à son bord 277 hommes, dont 17 officiers. Désarmé et installé à Nantes depuis 1988, le plus important **musée naval à flot** de France impressionne par sa taille : 132,6 m de long pour 12,7 m de large.

Au cours de la **visite guidée** (env. 1h30), vous découvrirez la vie à bord du navire, l'artillerie ainsi que les différents espaces (salle des turbines, poste de commandement…). Une visite passionnante, pour petits et grands.

Quai de la Fosse • ✆ 09 79 18 33 51 • maillebreze.com • Mar.-dim. ; horaires : voir le site Internet • Entrée 10 €, 4-11 ans 6 € ; gratuit Pass Nantes.

Restos | Bars | Hôtels | Shopping | Activités

Restos Bistrots

Boncœur

Pizzeria 30

Si gravir la butte Sainte-Anne vous a ouvert l'appétit, alors rendez-vous dans cette pizzeria pour une pause à la fois saine et gourmande. Ici, la pâte à pizza, élaborée à partir de farine locale, mâture pendant au minimum 48h pour un résultat aussi généreux que croustillant. Elle est ensuite garnie de savoureux ingrédients frais (légumes locaux, charcuteries et fromages italiens). De quoi (re)prendre des forces avant d'entamer la promenade des sept belvédères (p. 71) ?

4, rue des Garennes • ✆ 02 40 71 04 64 • boncoeurpizza.fr • T.l.j. sf dim. soir et lun. • Pizzas 9-15 €.

L'Atlantide 1874

Gastronomique 31

Outre l'excellence de sa cuisine, ce restaurant étoilé (1 étoile Michelin depuis 1999) bénéficie d'un emplacement exceptionnel en haut de la butte Sainte-Anne. C'est donc en jouissant d'une vue imprenable sur la Loire que vous dégusterez les plats concoctés par le chef morbihannais Jean-Yves Guého. Son savoir-faire dans l'association des saveurs sublime

L'Atlandide 1874

les ingrédients du terroir tels que l'anguille de Loire, l'araignée de mer ou encore les écrevisses du lac de Grand Lieu. À noter que l'établissement propose également des chambres d'hôtes (p. 76).

5, rue de l'Hermitage • ☎ 02 40 73 23 23 • atlantide1874.fr • Mar.-sam. 12h-13h15 et 19h30-21h15 • Menus 40-100 €.

La Civelle

Brasserie 32

Ce restaurant emblématique du **port de Trentemoult** offre une vue de choix sur le fleuve. On y savoure des plats de cuisine française réalisés à partir de produits du cru : poissons et fruits de mer (noix de saint-jacques snackées, filet de saint-pierre ou encore la fameuse « poêlée royale » avec gambas, saint-jacques, crevettes et demi-homard de l'Atlantique), ainsi que des viandes généreuses. Belle cave comptant plus de 250 références.

*21, quai Marcel-Boissard à **Rezé** • ☎ 02 40 75 46 60 • lacivelle.com • T.l.j. midi et soir (f. dim. soir oct.-mars) • Menu de saison 33 €.*

La Rainette Bleue

Glacier 33

Lors d'un passage à **Trentemoult**, ne manquez pas cette adresse discrète, où l'on vous sert avec le sourire : dès les premiers jours de soleil, on y trouve de délicieuses glaces artisanales (produites dans le Morbihan), mais aussi de savoureuses gaufres bio accompagnées de chocolat, caramel ou chantilly maison ! À déguster en marchant le long du port qui, pour le coup, prend des airs de bord de mer.

*10, quai Marcel-Boissard à **Rezé** • T.l.j. en été, w.-e. slt avr.-sept. ; fermé en cas de pluie • Glace et gaufre à partir de 2,50 €.*

La Civelle

VOIR AUSSI P. 72 :
Bloom 34

Bars, clubs Sorties

Théâtre de Jeanne

Théâtre 15

Au pied de la butte Sainte-Anne, ce petit théâtre de quartier très chaleureux propose le soir des comédies pour les adultes, et l'après-midi des spectacles pour enfants. Idéal pour une sortie en famille !

5, rue des Salorges • 06 99 10 76 05 • theatre-jeanne.com • Spectacles toute l'année mer.-dim., vac. scolaires t.l.j.

Little Atlantique Brewery

Little Atlantique Brewery

Bar/microbrasserie 16

Située au cœur des docks de Chantenay, la LAB (pour les intimes) est un lieu hybride qui ravira les amateurs de saveurs maltées. À la fois microbrasserie et bar géant, elle est installée dans une bâtisse en pierre du XIXᵉ s. superbement rénovée, avec verrières et terrasse au bord de la Loire. On y va pour boire l'une des bières artisanales brassées sur place (blonde, blanche, IPA, ambrée, brune ou création éphémère) ou manger un morceau dans une ambiance cool et décontractée.

Si vous souhaitez poursuivre la soirée en club, le Navibus à 100 m vous déposera au Hangar à bananes (p. 60).

23, bd de Chantenay • little-atlantique-brewery.fr • Jeu.-sam. 12h-2h, dim.-mer. 12h-minuit • Demis 3,50-4,50 € • Vis. de la brasserie : mer.-dim. 15h et 17h (1h30 dont 30 min de dégustation) ; sur résa, 15 €.

La Guinguette

Bar/brasserie 17

Après avoir flâné dans les ruelles colorées de **Trentemoult**, installez-vous sur la terrasse de La Guinguette à l'heure de l'apéritif pour déguster des tapas face à la Loire. À l'intérieur, le bar en forme de coque de bateau donne du caractère à cette brasserie traditionnelle, aussi appréciée des habitants que des gens de passage. La carte de plats maison met en valeur les produits du terroir (filet de sandre au beurre blanc, anguilles à la provençale...).

*20, quai Marcel-Boissard, **Rezé** • ☎ 02 40 75 88 96 • laguinguette.fr • T.l.j. 11h-22h ; f. lun. en hiver (hors vac. scolaires) • Avantage Pass Nantes • Menu entrée-plat ou plat-dessert 25 €, entrée-plat-dessert 30 €.*

Hôtels B&B

Maison Guého

Chambres d'hôtes 3

Située en haut de la butte Sainte-Anne, cette maison d'hôte attenante au restaurant étoilé L'Atlantide 1874 (p. 74) prend place dans un bâtiment du XIXe s. joliment rénové. Les quatre chambres doubles, modernes et confortables, sont décorées avec goût. En prime, une vue imprenable sur la Loire.

5, rue de l'Hermitage • ☎ 02 40 73 23 23 • atlantide1874.fr • Double 130-150 €.

Activités Détente

Balade photographique

Qui n'a jamais rêvé de revenir de voyage avec de superbes clichés ? Alors armez-vous de votre appareil photo ou de votre smartphone et laissez-vous guider par un photographe professionnel d'**Atypic' photo**. Il vous conseillera sur la technique tout en vous emmenant dans les lieux les plus photogéniques de la butte Sainte-Anne ! Autre circuit possible autour du Jardin des plantes.

***Atypic' photo** • atypic-photo.com • Parcours « La Secrète butte Sainte-Anne » • Adultes et enfants dès 8 ans • Balade de 3h 39 € (10 pers. max.), gratuit -10 ans.*

Balade fluviale Croisière Estuaire

Aux beaux jours, reliez Nantes à Saint-Nazaire en bénéficiant d'une vue inédite sur les œuvres du **parcours Estuaire** (p. 96), parmi lesquelles *Les Anneaux* de Buren, la Maison dans la Loire de Jean-Luc Courcoult et *The Settlers* de Sarah Sze.

En tout, 2h30 de balade fluviale commentée qui vous permettront d'apprivoiser la Loire. Pour le retour, plusieurs possibilités : revenir en bateau avec un commentaire différent, ou rentrer en TER (5 €/pers.) ; retour en car également possible pour admirer d'autres œuvres du parcours Estuaire.

***Marine & Loire Croisières** ☎ 02 40 69 40 40 • marineetloire.fr/croisiere-estuaire • Embarquement à Nantes quai Ernest-Renaud (gare maritime), arrivée à Saint-Nazaire quai Kribi • Départs avr.-oct. (voir le site web) • Aller simple 25,50 €, réduit 24 €, -18 ans 15 €, -3 ans 3 € • A/R 38 €, réduit 34 €, -18 ans 25,50 €, -3 ans 5 €.*

SUR LES PAS DE JULES VERNE

Écrivain, poète, visionnaire... Jules Verne est né à Nantes et a grandi sur les hauteurs de Chantenay, d'où il observait « le virement des navires, larguant leurs focs et bordant leurs brigantines », rêvant d'aventures et de voyages extraordinaires...

Balade de 5 km (1h15 de marche)

Chantenay et les rêveries du jeune Jules

◗ Au 29, **rue des Réformes** se trouve la **maison de campagne** achetée par les parents du petit Jules, alors âgé de 10 ans, qui y séjournera tous les étés. Fasciné par l'univers marin, il passe son temps à observer le **ballet des bateaux sur la Loire** en contrebas, où il s'initie à la voile. C'est aussi ici qu'il concevra, quelques années plus tard, *De la Terre à la Lune* et *Vingt Mille Lieues sous les mers.*

◗ La visite du **musée** (p. 72) vous apprendra tout de la vie et de l'œuvre de l'écrivain. Puis, 100 m plus bas, arrêtez-vous **esplanade Jean-Bruneau** : la statue du jeune Jules contemple celle du **capitaine Nemo**, son futur héros, guettant l'horizon (Élisabeth Cibot, 2005).

L'enfance nantaise

◗ De 1829 à 1840, la famille Verne habite près de l'île Feydeau (p. 27), au **2, allée Jean-Bart** puis au **6, rue Jean-Jacques-Rousseau**. Deux œuvres hommage sont visibles à proximité : un bronze du héros Michel Ardan, au **15, rue de l'Héronnière** (Jacques Raoult, 1986), et une **fresque représentant l'écrivain, rue de l'Échelle** (Jean-Yves Jodeau, 2008).

◗ De juin 1877 à septembre 1878, Jules Verne, qui a quitté Nantes en 1847, reviendra vivre au **1, rue Suffren** avec sa femme et son fils.

Naissance d'une légende

◗ Achevez votre pèlerinage devant la **maison de naissance de Jules Verne**. Fils aîné de Pierre Verne et Sophie Allotte de la Fuye, il vient au monde le 8 février 1828 au **4, cours Olivier-de-Clisson**, alors situé sur l'île Feydeau entourée par la Loire. Il est ensuite baptisé à l'**église Sainte-Croix** (p. 43), là où ses parents s'étaient mariés.

◗ La maison natale de l'écrivain est aujourd'hui un excellent restaurant, **Le Nouveau Monde**, dont le nom et les plats rendent hommage aux explorations des héros verniens. Une idée pour une pause bien méritée ?

NANTES AVEC DES ENFANTS

Occuper les petits dans une ville inconnue peut s'avérer un casse-tête... Nous vous proposons une sélection de lieux *kids friendly* propices aux balades et aux jeux, et qui plairont aussi aux adultes.

Le parc des Chantiers

Au nord de l'**île de Nantes**, l'ancien site des chantiers navals offre une vaste esplanade propice aux balades, avec une aire de jeux pour les petits et, pour les plus grands, l'**Arbre à basket**. Le must : guetter le **Grand Éléphant** pour l'accompagner dans ses excursions.

Voir quartier 3 p. 54.

Le Jardin des plantes

Entre les installations dessinées par l'illustrateur Claude Ponti, l'aire de jeux, le **parcours ludique Dépodépo** (p. 81) et la ménagerie, le Jardin des plantes occupera les enfants de 0 à 14 ans.

Voir quartier 5 p. 80.

Le Jardin extraordinaire

Ce havre de verdure permet de se ressourcer en famille avant d'entamer le **parcours des sept belvédères** qui surplombe Chantenay. Vos petits ont encore de l'énergie? Conduisez-les aux aires de jeux du **parc des Oblates** tout proche.

Voir quartier 4 p. 71.

Le square Mercœur

Ce jardin public face au château procure des distractions pour les enfants de tous les âges, entre le **Feydball**, terrain de foot en anamorphose, l'aire de jeux avec son dragon de 30 m de long et le **miroir d'eau**, chouchou des plus petits en été.

Voir quartier 1 p. 28.

Le Navibus

Bon plan pour les parents : pour le coût d'un ticket de bus, vous pouvez emprunter l'une des deux lignes de navettes fluviales. Optez pour celle à destination de **Trentemoult**, ancien village de pêcheurs aux maisons colorées dont les ruelles sont très agréables.

Voir quartier 4 p. 73.

Le miroir d'eau, près du château

DU JARDIN DES PLANTES À L'ERDRE

5

Du foisonnant Jardin des plantes aux berges verdoyantes de l'Erdre, cette visite vous offrira un aperçu des trésors naturels de Nantes, « la ville aux 100 jardins », élue Capitale verte de l'Europe en 2013. Entre ces deux haltes bucoliques, vous découvrirez aussi un quartier populaire et animé qui abrite le musée d'Arts, fraîchement rénové.

L'Erdre, dominée par la cathédrale

1 Jardin des plantes✦✦✦

À deux pas de la gare, le Jardin des plantes est un havre de verdure et de tranquillité de 7 ha, comptant 10 000 espèces vivantes, 800 m² de serres et plus de 50 000 fleurs plantées chaque saison. Classé « **Jardin remarquable** », il figure parmi les quatre grands jardins botaniques de France.

Camélias et magnolias

Comme il est agréable de se perdre dans les allées ponctuées de ponts, de plans d'eau et de sculptures ! Un plaisir qui s'apprécie en toute saison, notamment grâce aux **600 variétés de camélias**, dont la floraison s'étend de l'automne au printemps. Cette fleur, implantée à Nantes au début du XIXe s., y a rapidement prospéré, jusqu'à devenir un emblème local.

Le Jardin est également connu pour ses magnolias ainsi que pour les plantes épiphytes (qui poussent en se servant d'autres plantes comme support) de son **palmarium**.

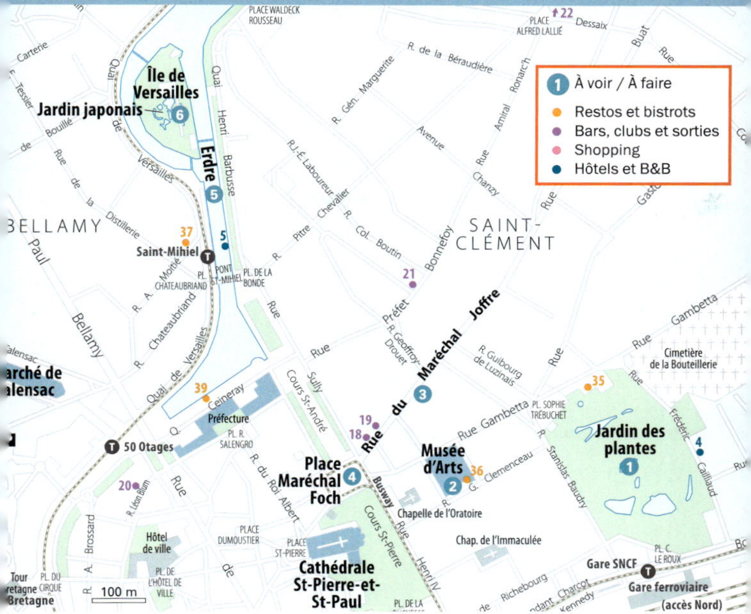

Des installations poétiques pour petits et grands

Les installations dessinées par l'illustrateur **Claude Ponti** distillent leur charme espiègle le long des chemins et dans les parterres de ce vaste jardin. Si la poésie des bancs malicieux et des animaux végétaux émerveille à tout âge, les plus petits seront particulièrement ravis par le **parcours ludique Dépodépo** (p. 37), composé de pots de fleurs géants. Ils pourront ensuite poursuivre leurs aventures sur l'aire de jeux traditionnelle ou passer saluer les chèvres de la ménagerie.

Les fontaines Wallace

Ces petits édicules en fonte tirent leur nom de Richard Wallace, le philantrope britannique qui finança leur édification à la fin du XIXe s. C'est pourtant un Nantais, Charles-Auguste Lebourg, qui les dessina. Il n'est donc pas étonnant que Nantes soit l'une des villes de France qui compte le plus grand nombre de ces jolies fontaines : cinq, dont deux rien qu'au Jardin des plantes.

Le Jardin des plantes

Œuvres éphémères

De nouvelles œuvres éphémères jouant avec le végétal apparaissent chaque année lors du Voyage à Nantes (p. 36). Jusqu'à fin 2021, les personnages de l'artiste nantais de renommée internationale Jean Jullien peuvent ainsi être vus promenant leur poésie naïve dans les parterres.

Rue Écorchard (en face de la gare SNCF) • ☏ 02 40 41 65 09 • jardins.nantes.fr • Été 8h30-20h, printemps et automne 8h30-18h30, hiver 8h30-17h30 • Entrée libre • Vis. gratuite des serres (horaires sur le site web).

2 Musée d'Arts✦✦✦

Le musée d'Arts, créé en 1801, expose dans ses lumineuses galeries 900 œuvres du XIIIe au XXIe s. Il a rouvert en 2017 après six années de travaux de rénovation et d'extension qui ont donné naissance à un espace d'exposition réservé à l'art contemporain.

L'art classique

Les collections d'**art ancien** (XIIIe-XVIIIe s.) sont exposées au rez-de-chaussée du bâtiment principal, le **Palais**, où cohabitent des œuvres d'époques différentes afin de les faire dialoguer. On y voit celles des grands maîtres de la Renaissance et de peintres des écoles italienne (Le Tintoret), flamande (Rubens), hollandaise et française (Vouet, Watteau, le Nantais James Tissot…). Parmi les chefs-d'œuvre du XVIIe s., trois tableaux de **Georges de La Tour**, peintre célèbre pour ses clairs-obscurs dans la tradition du Caravage : ***Le Reniement de saint Pierre*** (1651), l'une des rares œuvres signées par l'artiste, ***Le Songe de saint Joseph*** (photo p. 4), au subtil éclairage, et ***Le Vielleur***.

Au 1er étage, auquel on accède par un escalier de toute beauté, se trouvent les **œuvres du XIXe s.** : Monet, Delacroix, Émile Bernard... Ne manquez pas les deux pièces maîtresses : ***Les Cribleuses de blé*** de **Courbet**, et surtout le ***Portrait de Mme de Senonnes***, par **Ingres**, d'une grâce infinie : notez la sensualité des étoffes et le prolongement de l'espace par le miroir à l'arrière-plan.

Dans la **salle au thème animalier**, les tableaux classiques côtoient des sculptures contemporaines, comme l'***Ours*** de François Pompon ou l'***Autruche*** de Maurizio Cattelan.

L'art moderne et contemporain

Sur les murs immaculés du 1er étage du Palais, vous découvrirez également les **œuvres du XXe s.** Picasso, Léger, Tamara de Lempicka, Sonia Delaunay ou encore Vasarely y sont représentés, ainsi que **Kandinsky**, dont le musée ne possède pas moins de 11 œuvres, datées de 1922 à 1933.

L'**art contemporain** quant à lui prend ses aises sur les quatre étages et les 2000 m² d'exposition du **Cube**. Peintures, œuvres numériques, installations... L'accrochage mixe les décennies et les médiums. Parmi les artistes exposés : Anish Kapoor, Simon Hantaï, Fabrice Hyber...

Portrait de Mme de Senonnes *par Ingres*

Les expositions temporaires

L'immense **patio** du Palais constitue un écrin de choix dans lequel sont organisées chaque année plusieurs expositions temporaires qui mettent en valeur un thème ou le travail d'un artiste.

La **chapelle de l'Oratoire**, ancien édifice religieux du XVIIe s., accueille, elle, des œuvres numériques étonnantes, contrastant avec le classicisme des lieux.

10, rue Georges-Clemenceau • ☎ 02 51 17 45 00 • museedartsdenantes.nantesmetropole.fr • Mer.-lun. 11h-19h (jeu. jusqu'à 21h) • F. mar., 1er janv., 1er mai, 1er nov. et 25 déc. • Entrée 8 € (incluant les expos temporaires), réduit 4 € ; gratuit Pass Nantes et 1er dim. du mois hors juil.-août.

3 Rue Joffre et ses enseignes animées✦

Voici assurément l'une des rues les plus bohèmes de Nantes. Chinez dans ses friperies et ses boutiques vintage, perdez-vous dans ses bars populaires et ses charmantes boutiques et levez la tête pour observer les **enseignes animées** de l'artiste anglais Gavin Pryke : les 13 **automates** représentent un couple dans différentes situations, comme autant de clins d'œil aux commerces qu'ils surplombent.

Côté restauration, cette rue est celle de la **street food** et de la **cuisine du monde** : vous pourrez y découvrir les saveurs libanaises, afghanes, syriennes ou encore thaïes.

4 Balade de la place Foch à l'Erdre✦

La place Maréchal-Foch est reconnaissable à la colonne en son centre supportant une **statue de Louis XVI** (l'une des cinq dernières de France). Au n° 2, admirez l'imposant **hôtel d'Aux** : ce bâtiment de style néoclassique, construit en 1772, accueillit Napoléon Ier et Joséphine lors de leur séjour nantais en 1808.

Remontez ensuite jusqu'à l'Erdre via le **cours Saint-André**, vaste promenade bordée d'immeubles et d'hôtels particuliers des XVIIIe et XIXe s., dont plusieurs sont inscrits au titre des monuments historiques. Au mois de septembre, le cours accueille une grande roue et diverses attractions foraines.

5 Les bords de l'Erdre✦✦✦

Ce paisible cours d'eau d'une centaine de kilomètres, considéré par François Ier comme « la plus belle rivière de France », prend sa source dans le Maine-et-Loire avant de se jeter dans la Loire à Nantes. Au début du XXe s., les 500 derniers mètres de l'Erdre ont été comblés pour créer l'un des principaux axes de Nantes : le cours des Cinquante-Otages (p. 26). La rivière a alors été

Pause fraîcheur : Le Bateau-Lavoir

Sur les quais de l'Erdre, aux portes du centre-ville, cette guinguette à la terrasse bordée de végétation est synonyme de fraîcheur et de convivialité. Dessinée par les créateurs du Grand Éléphant (p. 55), elle a été nommée en hommage aux 46 bateaux-lavoirs qui jalonnaient autrefois la rivière. On s'y attarde pour savourer des tapas dans une atmosphère détendue.

39 *Quai Ceineray, en face de la préfecture • ☎ 02 40 35 57 16 • bateau-lavoir.fr • Avr.-sept. t.l.j. 17h30-23h • Fermé les jours de pluie.*

Quai Ceineray en bordure de l'Erdre

reliée à la Loire via un tunnel débouchant dans le charmant canal Saint-Félix (p. 48).

Circuit pédestre

L'Erdre est un havre de fraîcheur en plein centre de Nantes. Voici un exemple d'itinéraire pour en profiter (boucle de 2,5 km, environ 30 min de marche) : longez le **quai Ceineray**, sur lequel les Nantais ont coutume de pique-niquer en été, et admirez les lettres « Rêver Erdre » installées par l'artiste Marie-Hélène Richard comme une invitation à la flânerie.

Tournez à gauche et traversez le **square Maquis de Saffré**, puis suivez les quais bordés de péniches jusqu'au **pont Général de la Motte Rouge**. Traversez-le puis revenez vers votre point de départ via le **quai de Versailles**.

Pour compléter la balade, prévoyez une halte d'une heure sur l'île de Versailles.

6 Île de Versailles et Jardin japonais✦✦

Cette île artificielle, aménagée en 1831 sur un ancien marais, a été transformée à la fin des années 1980 en jardin japonais, bulle de paix zen au cœur de la ville. Perdez-vous dans cet **écrin de verdure** aux accents orientaux, déambulez parmi les différentes essences – bambous, érables rouges, camélias, cerisiers du Japon, cyprès chauves... – et traversez les bassins sur les pas japonais, bercé par le murmure des cascades.

À la **Maison de l'Erdre**, vous découvrirez une exposition consacrée à cette rivière. Plusieurs services de **location de kayaks ou de bateaux sans permis** sont également proposés sur l'île (p. 90).

Quai de Versailles • ☎ 02 40 41 65 09 • jardins.nantes.fr • Entrée libre • Vis. guidée via l'appli Guidigo • ***Jardin japonais :*** *été 8h30-20h, printemps et automne 8h30-18h30, hiver 8h30-17h30 •* ***Maison de l'Erdre :*** *horaires variables, voir le site web.*

L'ERDRE EN BATEAU OU À VÉLO

Remonter la « plus belle rivière de France », c'est quitter peu à peu le tumulte de la ville pour s'immerger dans un milieu naturel préservé, c'est prendre le temps d'observer les belles demeures, de regarder les péniches glisser sur la surface de l'eau, de contempler les hérons cendrés...

En bateau sur l'Erdre

Avec plus de 200 espèces d'oiseaux et une végétation luxuriante typique des milieux humides, la vallée de l'Erdre offre une **faune** et une **flore** remarquables, que l'on appréciera en remontant le cours de la rivière, à distance du centre-ville.

Pour cela, réservez une visite commentée avec les **Bateaux nantais** ou **La Toue de Nantes**, ou louez une embarcation sur l'une des deux **bases nautiques** de l'île de Versailles (adresses p. 90).

Le long du trajet, vous pourrez aussi voir de nombreux châteaux et « folies » nantaises, ces propriétés cossues construites aux XVIIe et XVIIIe s. par les armateurs enrichis par le commerce des épices ou des esclaves.

À vélo

Les rives de l'Erdre s'explorent également à vélo grâce aux voies aménagées à cet effet. Depuis Nantes, louez un Bicloo en libre-service (p. 149), puis remontez la rive gauche jusqu'au **parc floral de la Beaujoire**, où vous visiterez la roseraie.

Si vous le souhaitez, poursuivez ensuite jusqu'au **parc de la Chantrerie** (comptez alors 25 km A/R). Les enfants y apprécieront particulièrement la ferme pédagogique.

Le parc floral de la Beaujoire et l'Erdre

Restos | Bars | Hôtels | Shopping | Activités

Restos Bistrots

Café de l'Orangerie

Cuisine du marché 35

Au cœur du Jardin des plantes, ce petit restaurant entouré de verdure sert une cuisine française pleine de fraîcheur à base d'ingrédients de saison et fait la part belle aux légumes. Un plat végétarien est toujours proposé. Aux beaux jours, la terrasse balayée par le parfum des fleurs est l'une des plus agréables de Nantes… Pensez à réserver !

15, rue Gambetta • ☎ 02 28 44 27 08 • facebook.com/cafe.de.l.Orangerie • Ven.-mer. 9h-17h, jeu. 9h-20h • Formule entrée-plat ou plat-dessert 15,50 €.

Café du Musée

Bistronomique 36

Quand le chef étoilé Éric Guérin, à la tête de La Mare aux Oiseaux, dans le marais de Brière (p. 122), ouvre un restaurant en plein cœur du musée d'Arts, cela donne des repas à la croisée de la gastronomie et de l'esthétique… À tester absolument lors de votre visite du musée, de préférence au déjeuner : le rapport qualité-prix est absolument imbattable.

10, rue Georges-Clemenceau • ☎ 02 51 12 93 09 • cafedumusee.fr • Mer.-lun. 11h-19h, jusqu'à 21h le jeu. • Formule entrée-plat ou plat-dessert 23€.

Bam Bam café

Coffee shop 37

Dans ce coffee shop simple et chaleureux à quelques pas de l'Erdre, on déguste une cuisine « comme à la maison », concoctée à partir de produits bio et/ou locaux : soupes, tartes, plats mijotés… avec toujours un choix végétarien ou végan. L'après-midi, on craque pour une belle part de gâteau ou un cookie, et le soir on vient y boire un verre en participant à des animations conviviales (jeux, *blind test*, etc.).

25, rue Adolphe-Moitié • ☎ 06 84 84 98 41 • bambamcafe.fr • Lun.-mar. 12h-15h, mer.-ven. 12h-22h, sam. 11h-15h • Formule déjeuner dès 7€.

La Mandale

Bistronomique 38

Ambiance vintage dans ce petit restaurant niché dans une rue toujours très animée. En cuisine, des associations originales d'ingrédients traditionnels et de saveurs nouvelles. Résultat : des assiettes réjouissantes et créatives, à la fois plaisir des yeux et des papilles. Excellent rapport qualité-prix.

32, rue Léon-Jamin • ☎ 02 28 44 21 34 • facebook.com/Lamandalerestaurant • Formule entrée-plat ou plat-dessert 15 €.

VOIR AUSSI P. 84 :
Le Bateau-Lavoir 39

Bars, clubs Sorties

Game Over

Bar à jeux 18

Bienvenue dans ce bar destiné aux amateurs de jeux de toutes sortes. Le rez-de-chaussée est dévolu aux jeux vidéo : retrogaming sur les consoles à disposition, tournois… À l'étage, des jeux de société originaux vous attendent, dans une ambiance bon enfant. Et, pour vous hydrater, craquez pour un cocktail Kirby, Pikachu, ou encore Groot. Le bar organise régulièrement des soirées à thème : karaoké, ciné-pop-corn, jeux de rôles, quiz…

1, rue Lebrun • ☏ 06 47 21 96 00 • instagram.com/game_over_nantes • Lun.-mar. 17h-minuit, mer.-sam. 17h-2h • Cocktail 7€, shooter env. 3€.

La Maison Café

Bar 19

« Passe donc boire un verre à La Maison ! » : la proposition est toujours synonyme de convivialité, et ce bar nantais l'a bien compris, qui n'a pas de maison que le nom ! En effet, ses différentes pièces reproduisent celles d'une habitation des années 1970. C'est dans cette ambiance à la fois cosy et vintage que vous pourrez déguster une bière installé dans la baignoire, un cocktail allongé sur le lit ou un rhum enfoncé dans l'un des moelleux fauteuils du grenier !

4, rue Lebrun • ☏ 02 40 37 04 12 • Infos sur leur page Facebook • Lun.-sam. 15h-2h, dim. 17h-2h.

Le Labo

Rhumerie 20

Avis aux nostalgiques du Petit Chimiste : voici le bar qu'il vous faut ! Ici, les cocktails sont servis dans des béchers et des tubes à essai. Au-delà de son concept ludique, ce bar chaleureux offre une véritable expertise en matière de rhums, avec une carte fournie de bonnes bouteilles venues des quatre coins du monde. Également de nombreux « placebos » sans alcool !

19, rue Léon-Blum • ☏ 06 52 60 25 91 • lelabo-nantes.com • Mar. 18h-minuit, mer. 18h-1h, jeu.-sam. 18h-2h.

Le Brocéliande

Bar à vins/restaurant 21

Voici un petit bar de quartier authentique et engagé. L'éthique de Véronique, la gérante des lieux : proposer des produits sains et de qualité au juste prix. On y boit donc des bières locales et du vin naturel, avec une trentaine de cuvées parmi lesquelles choisir, à accompagner de planches apéritives et de petits plats élaborés à partir d'ingrédients issus d'une agriculture raisonnée.

40, rue Préfet-Bonnefoy • ☏ 02 40 74 25 51 • Infos sur leur page Facebook • Lun.-mer. 11h30-minuit, jeu.-ven. 11h30-2h,

La rue Léon-Blum, avec Le Labo et sa terrasse en bois

sam. 17h30-2h • Formule entrée-plat ou plat-dessert 17,50 €, entrée-plat-dessert 21,50 €.

Aux P'tits Joueurs

Bar/bistrot 22

Ce bar-bistrot authentique est un incontournable pour qui souhaite pratiquer la **boule nantaise** grâce à la présence, à l'intérieur, d'un terrain adapté. Novice ou initié, vous serez accueilli chaleureusement pour jouer à cette variante locale de la pétanque (boules de 2 kg et 14 cm de diamètre). Entre deux parties, sirotez un verre ou dégustez un petit plat maison. Un lieu intergénérationnel et animé.

23, rue du Port-Guichard • ☎ 02 40 74 09 87 • facebook.com/ptitsjoueurs • Lun. 11h30-14h30, mar.-mer. 11h30-22h, jeu.-ven. 11h30-1h30, sam. 18h-minuit.

Hôtels B&B

Sozo Hôtel

Boutique hôtel 4

Aménagé dans l'ancienne chapelle Notre-Dame-des-Anges du XIXe s., cet hôtel 4 étoiles allie classique et modernité. Ses 24 chambres et suites conjuguent vitraux et pierres apparentes avec une déco épurée et des meubles de designers. Divin !

16, rue Frédéric-Cailliaud • ☎ 02 51 82 40 00 • sozohotel.fr • Double à partir de 90 €.

Le Dô

Péniche 5

En 2019, à la demande du Voyage à Nantes (p. 36), l'artiste Karina Bisch a transformé cet ancien bateau-mouche des années 1930 en véritable œuvre d'art flottante, avec son toit patchwork de couleurs et de formes géométriques. Réservez-le pour une nuit atypique et endormez-vous paisiblement, bercé par le roulis de l'Erdre…

Quai Henri-Barbusse • 06 38 44 49 98 • surprenantes.com/fr/univers/le-do • Nuit à partir de 139 €.

Activités Détente

Bases nautiques

Louez un bateau électrique sans permis à l'heure ou à la demi-journée pour profiter du cadre verdoyant de l'Erdre le temps d'une balade ou d'un pique-nique, en famille ou entre amis. Tenté par une expérience plus sportive ? Alors optez pour un canoë-kayak ou un *stand-up paddle*, ou testez un cours de *paddle yoga*. L'occasion de vous reconnecter à la nature… et à vous-même !

***Floating**, île de Versailles, côté est : voir p. 149 • **Ruban vert**, île de Versailles, côté ouest (bateaux uniquement) : voir p. 149.*

Balade en toue cabanée

Embarquez à bord de *Libellule*, une authentique toue cabanée, et profitez d'une sortie bucolique sur l'Erdre, enrichie par les anecdotes du capitaine sur la rivière et ses abords. Plusieurs circuits possibles, avec ou sans dégustation de produits locaux.

***La Toue de Nantes**, 2, quai de Malakoff • 06 81 87 64 49 • latouedenantes.fr • Toute l'année ; départ assuré à partir de 4 pers. (groupe de 12 pers. maximum) • Départ du canal Saint-Félix • Balade de 1h30 : adulte à partir de 17 €, -12 ans 11 €.*

Visite commentée en bateau

Pour découvrir l'Erdre, rien ne vaut une croisière commentée avec les **Bateaux nantais**. Au cours d'une balade apaisante en pleine nature, vous apprendrez des anecdotes sur la rivière, ses ponts et les belles demeures qui la ponctuent. Choisissez la formule déjeuner ou dîner-croisière pour vous initier aussi à la gastronomie locale. Embarquer au crépuscule pour assister à la tombée de la nuit sur l'eau : un moment magique !

***Bateaux nantais**, gare fluviale, pl. Waldeck-Rousseau, quai de la Motte-Rouge • 02 40 14 51 14 • bateaux-nantais.fr • Balade de 1h30 à partir de 13,50 €, gratuit Pass Nantes.*

Bar à jeux

Sortir, c'est bien, s'amuser, c'est mieux ! Et **Pioche** est peut-être le meilleur endroit pour une soirée ludique entre amis. Autour du bar, quatre salles de jeux peuvent être réservées pour partager un moment à la fois original, voire loufoque. Mention spéciale pour la salle plongée dans le noir, dans laquelle vous devrez retrouver à tâtons des paires d'objets identiques… Attention aux pièges !

***Pioche**, 10, rue Bel-Air • 02 53 97 67 61 • pioche.co • Mar.-sam. 17h-1h • Jeux de 3 à 6 pers. • 5 € par joueur et par salle (7-15 ans 4 €).*

NOS PLUS BELLES TERRASSES

**Dès l'arrivée des beaux jours, ces terrasses comptent parmi les plus courues de Nantes. On y boit, on y mange… mais, surtout, on y jouit d'une vue exceptionnelle !
En bonus, deux autres spots bien connus des Nantais pour se poser et boire un verre : le port de Trentemoult (p. 74) et la place du Bouffay (p. 44).**

La Cigale

Si l'intérieur de cette brasserie classée est sublime, sa terrasse face au théâtre Graslin vaut également le détour !

Voir quartier 1 p. 30.

Guinguette du Belvédère

Soleil et bonne ambiance sont au rendez-vous de cette guinguette posée sur la Loire, qui accueille régulièrement des concerts dans une atmosphère familiale.

Voir quartier 3 p. 64.

Le Petit Baigneur

Appréciez le calme du canal Saint-Félix depuis le toit-terrasse joliment décoré de cette péniche !

Voir quartier 2 p. 48.

Le Bateau-Lavoir

Amarrée aux quais de l'Erdre, cette guinguette nichée dans la végétation vous reçoit dans une ambiance authentique et conviviale.

Voir quartier 5 p. 84.

Little Atlantique Brewery

Cette brasserie atypique, posée sur les docks de Chantenay, est le spot idéal pour s'installer entre amis sur les grandes tablées de bois face à la Loire.

Voir quartier 4 p. 76.

Terrasse du Bateau-Lavoir

LA CÔTE ET LE VIGNOBLE EN 5 VISITES

Le Pouliguen

À SAVOIR

Principaux offices de tourisme

Côte d'Amour

Saint-Nazaire : *base sous-marine, bd de la Légion-d'Honneur • ☎ 02 40 22 40 65 • saint-nazaire-tourisme.com.*

La Baule : *8, pl. de la Victoire • ☎ 02 40 24 34 44 • labaule-guerande.com/la-baule.html.*

Guérande : *1, pl. du Marché-au-Bois • ☎ 02 40 24 34 44 • labaule-guerande.com.*

Côte de Jade

Saint-Brevin-les-Pins : *10, rue de l'Église • ☎ 02 40 27 24 32 • saint-brevin.com.*

Pornic : *pl. de la Gare • ☎ 02 40 82 04 40 • pornic.com.*

Vignoble

Clisson : *pl. du Minage • ☎ 02 40 54 02 95 • levignobledenantes-tourisme.com.*

Œnotourisme, itinéraires de rando à pied et à vélo, activités sportives et de loisirs, visites... Le site Internet du Vignoble de Nantes vous aide à préparer votre visite.

Se déplacer

Indispensable, l'**application mobile Destineo** vous permet de calculer les itinéraires pour vos déplacements en transports en commun, à vélo ou en voiture dans toute la région Pays de la Loire.

Dans le **vignoble de Nantes**, la voiture est conseillée, mais il se parcourt aussi à pied ou à vélo (p. 141). Par la route, la signalétique « **Le Voyage dans le vignoble** » jalonne les étapes proposées par Le Voyage à Nantes (p. 36). Pour plus de détails sur les déplacements, voir p. 151.

Petits trains des stations balnéaires

Pornic : *pornic.com • Durée 40 min • Avr.-sept. t.l.j. , départs et tarifs suivant le nombre de participants • Adulte à partir de 6,50 €, enfant à partir de 4,50 €.*

La Baule et Pornichet : *petittrain-labaule-pornichet.com • Durée 1h max • Avr.-oct., horaires variables selon saison • Plusieurs lieux de départ possibles • Boucle complète : Adulte 7 €, 3-12 ans 5 €.*

Le Croisic : *tourisme-lecroisic.fr • Départ pl. du 8-Mai-1945 • Juill.-août t.l.j. • Adulte 7 €, 3-12 ans 5 € ; gratuit - 3 ans.*

Pass

▶ Le **Pass Nantes** (p. 18) permet un accès libre à plusieurs visites et attractions hors de Nantes :

- à **Saint-Nazaire**, accès libre à Escal'Atlantic et à EOL, et tarif réduit pour les visites de l'Écomusée et du sous-marin *Espadon* ;

- dans le **vignoble** : accès libre au château de Clisson, au musée du Vignoble, au moulin du Liveau et aux visites guidées du domaine de la Garenne-Lemot.

En vente à l'OT de Nantes et sur le site web.

▶ **Trois pass visites** sont proposés par l'OT de **Saint-Nazaire** : tarif avantageux pour la visite de plusieurs sites (voir p. 151).

Manifestations estivales

En plus des temps forts évoqués dans le carnet pratique (p. 154), nombre d'animations viennent égayer l'été sur la côte. Florilège :

Côte d'Amour et Brière

Grande Marée à **Saint-Nazaire** : un événement gratuit et familial avec spectacles de rue, animations et pique-nique géant.
Début juin • saintnazaire.fr.

Saint-Nazaire Côté plages : animations sportives, culturelles, ateliers de cuisine sur la Grande Plage et la plage de Monsieur Hulot.
Juil.-août • saint-nazaire-tourisme.com.

Farniente Festival à **Saint-Nazaire** : 2 j. de « musiques libres et sentimentales » sur la plage de Monsieur Hulot.
Mi-juil. • farniente-festival.org.

Festival Renc'Arts à **Pornichet** : spectacles et concerts familiaux gratuits.
Mar. et jeu. mi-juil.-mi-août • rencarts.fr.

Festival Les Nuits salines à **Batz-sur-Mer** : 3 j. de fête avec concerts de musique celtique, chants de marins, fest-noz, marché du terroir, visites des marais salants en calèche et restauration, pour lesquels on paie... en sachets de sel !
Fin juil. • lesnuitssalines.com.

Fête bretonne au **Pouliguen** : défilé folklorique, initiation à la danse traditionnelle, fest-noz...
Dernier w.-e. de juil. • labaule-guerande.com.

Fête de la Tourbe à **Saint-Lyphard** (Brière) : concerts, démonstrations de métiers anciens...
Le 15 août • parc-naturel-briere.com.

Côte de Jade

Festival Côté mer à **Saint-Brevin** : spectacles et concerts gratuits pour enfants et adultes.
Juil.-août • saint-brevin.com.

Illuminations de pêcheries à **Saint-Michel-Chef-Chef** : spectacle visuel et sonore gratuit et familial.
Août • pornic.com.

Les Estivales de Pornic : arts de la rue, musique, danse...
Mar. et ven. juil.-août • pornic.com.

Ride in Pornic : journée de découverte des sports de glisse, avec animations et initiations.
Début août • pornic.fr.

Plage de La Baule

LE PARCOURS ESTUAIRE

Véritable musée à ciel ouvert, le parcours Estuaire comprend 33 œuvres d'art monumentales surprenantes, qui jalonnent les deux côtés de l'estuaire de la Loire sur 60 km et 23 sites, de Nantes à Saint-Nazaire. La vocation de ce parcours artistique ? Mettre en valeur le patrimoine naturel, industriel et architectural des bords de Loire.

La Loire révélée par l'art contemporain

Chaque œuvre est créée *in situ* près d'un lieu atypique ou d'un site remarquable de l'estuaire, qu'elle contribue ainsi à révéler au public. La collection d'œuvres, signées par des artistes de renommée internationale, a été constituée lors des trois biennales Estuaire de 2007, 2009 et 2012. Depuis, elle continue de s'enrichir régulièrement.

Infos et plan des œuvres : estuaire.info.

Un parcours à suivre à vélo ou en bateau

Tous les sites sont accessibles librement. Vous pouvez choisir de les atteindre en voiture, ou alors suivre le parcours – ou une portion – à vélo, en empruntant l'itinéraire de **La Loire à Vélo** (p. 68). Cependant, la manière la plus agréable de voir les œuvres reste le **bateau**. Chaque été des croisières spécifiques sont mises en place, au départ de Nantes et de Saint-Nazaire.

Infos sur les croisières Estuaire : voir p. 77.

Notre sélection d'œuvres permanentes

▶ **L'Absence** (atelier Van Lieshout)
Vous ne verrez jamais d'iceberg dans la Loire, mais, sur ses quais, vous verrez un immanquable glaçon bleu, à la fois sculpture et bar !
Île de Nantes (quartier 3) ; voir p. 7 et 63.

▶ ***Mètre à ruban*** (Lilian Bourgeat)
Que peut-on bien mesurer avec un mètre à ruban en résine de 134 m

La Maison dans la Loire (Couëron)

Le Mètre à ruban (Nantes)

Serpent d'océan *(Saint-Brevin)*

de long pour 30 cm de large ? Une énigme qui laisse rêveur...
Île de Nantes (quartier 3), rue La Noue-Bras-de-Fer ; voir encadré p. 59.

▶ **La Maison dans la Loire** (Jean-Luc Courcoult)
Cette maison solitaire, à demi enfoncée dans le fleuve, est à la fois inquiétante et poétique.
À Couëron ; voir aussi p. 68.

▶ ***Misconceivable*** (Erwin Wurm)
Il surprend et questionne : est-ce un vrai bateau ? A-t-il fondu comme une glace ? Qui sait ?...
Canal de la Martinière, Le Pellerin.

▶ **La Villa Cheminée** (Tatzu Nishi)
Poétique, insolite, ludique... Les qualificatifs ne manquent pas pour décrire cette maisonnette, postée sur une cheminée d'usine de 15 m de haut !
À Cordemais ; voir p. 114.

▶ ***Serpent d'océan*** (Huang Yong Ping)
Il se tapit dans les vagues à marée haute, émerge à marée basse... Pour un peu, ce serpent de 130 m de long paraîtrait presque vivant !
À Saint-Brevin-les-Pins (visite 9) ; voir p. 126.

▶ ***Suite de triangles*** (Felice Varini)
Visible depuis les deux côtés de l'estuaire, cette œuvre en anamorphose prend forme depuis le **toit de l'écluse fortifiée** de Saint-Nazaire.
À Saint-Nazaire (visite 6) ; voir p. 102.

Tout savoir sur l'estuaire de la Loire

En marge du parcours, sur la rive droite de la Loire, à mi-chemin entre Nantes et Saint-Nazaire, Terre d'Estuaire consacre à l'estuaire un musée pédagogique et familial. Point culminant de la visite : le voyage en ballon, qui vous fait décoller à 25 m du sol pour une vue d'exception sur l'embouchure de la Loire.
terredestuaire.com.

SAINT-NAZAIRE

6

Saint-Nazaire est une ville chargée d'histoire. Au milieu du XIXe s., l'essor de ses chantiers navals en avait fait une cité prospère. Mais, détruite à plus de 85 % pendant la Seconde Guerre mondiale, elle a mis du temps à se reconstruire. Aujourd'hui labellisée « Ville d'art et d'histoire », elle offre un visage nouveau, avec une mise en valeur ingénieuse de son patrimoine historique et des atouts balnéaires indéniables : pas moins de 20 plages, entre vastes étendues de sable fin (Grande Plage, plage de Monsieur Hulot...) et petites criques (Trébézy, Bonne Anse...).

L'une des pêcheries de Saint-Nazaire

1 Sous-marin « Espadon »✦✦✦

Ancien bâtiment de la Marine nationale, ce sous-marin – le seul à flot visitable en France – a parcouru en 25 ans de service l'équivalent de 17 fois le tour de la Terre ! Il a été le premier sous-marin français à naviguer sous la banquise, avant d'être transformé en musée en 1987.

Plongez au cœur de ce vaisseau d'exception pour en arpenter les coursives, la salle des torpilles, le poste d'écoute. Vous découvrirez ainsi les instruments de navigation (sonar, télégraphe...) et les quartiers des 65 sous-mariniers qui vivaient à son bord. Une visite mémorable !

Après six mois de travaux, l'*Espadon*, qui a déjà accueilli 3 millions de visiteurs, rouvre à l'été 2021, restauré et enrichi de nouvelles expériences de visite.

Av. de la Forme-Écluse • Été t.l.j. 10h-13h et 14h-18h, mi-juil.-fin août jusqu'à 20h ; le

reste de l'année mar.-dim 10h-13h et 14h-18h • Entrée (audioguide inclus) : adulte 11€, réduit (dont Pass Nantes) 9€, 4-17 ans 5,50€ • Vis. d'env. 40 min • Accès libre au ***toit de l'écluse fortifiée*** *aux horaires du musée.*

2 EOL Centre éolien✦

Unique en France, ce petit centre d'interprétation dédié à l'éolien marin accompagne le développement, au large des côtes nazairiennes, d'un **parc de 80 éoliennes** qui verra le jour en 2022. Grâce à ses dispositifs interactifs et à des explications très pédagogiques, EOL offre aux petits comme aux plus grands une visite à la fois originale et instructive.

*Av. de la Forme-Écluse • Mêmes horaires de vis. que l'*Espadon *• Adulte 6€, réduit 5€, 4-17 ans 3€ ; gratuit Pass Nantes* *(p. 94)* *• Vis. de 30 min.*

3 Écomusée✦

Ce musée met en lumière l'histoire passionnante de Saint-Nazaire, ville construite deux fois en un siècle. Y sont évoqués son essor au XIXe s. grâce au développement des **activités portuaires** liées aux premiers voyages transatlantiques, puis les dégâts provoqués par les bombardements lors de la **Seconde Guerre mondiale** – les Allemands qui occupaient la ville y construisirent une **base sous-marine** qui en fit la cible des bombardements alliés – et la reconstruction qui a suivi. Passionnant !

*Av. de Saint-Hubert • Mêmes horaires de vis. que l'*Espadon *• Adulte 5€, réduit (dont Pass Nantes) 4€, 4-17 ans 2,50€ • Vis. d'env. 45 min.*

4 Base sous-marine✦✦

Elle impressionne par ses dimensions : 300 m de long sur 130 m de large… Cette forteresse de béton, construite par les Allemands sous l'Occupation en seulement 16 mois, servit à partir de 1941 à abriter leurs sous-marins U-Boote. Aujourd'hui, elle rassemble dans ses alvéoles, outre l'office de tourisme, plusieurs

Pause hydratante : La Baleine Déshydratée

Idéalement situé face à la Grande Plage, ce bar chaleureux est l'endroit parfait pour passer la soirée après une balade sur le front de mer. Aux beaux jours, les transats de sa terrasse ne désemplissent pas. On y vient pour son grand choix de bières, que l'on se sert soi-même après avoir crédité une carte du montant souhaité. À boire seules ou accompagnées de burgers, de salades ou de Breizhflams, spécialité maison de « flammekueches à la bretonne ». Concerts fréquents pendant l'été.

25 *10, pl. du Commando • ☎ 02 40 88 14 15 • labaleinedeshydratee.com • T.l.j. 10h-2h.*

établissements culturels et touristiques : **Escal'Atlantic**, le **LiFE**, qui accueille plusieurs fois par an des expos contemporaines monumentales, et le **VIP**, scène de musiques actuelles (p. 103). C'est d'ici aussi que partent les cars pour les visites de l'usine Airbus et du grand port maritime de Nantes-Saint-Nazaire (voir ci-après).

Empruntez la passerelle blanche pour monter sur le **toit de la base sous-marine**, à 18 m de haut : vous jouirez d'une **vue panoramique** sur Saint-Nazaire, l'embouchure de la Loire et les chantiers navals.

*Bd de la Légion-d'Honneur • Accès libre t.l.j. à certaines alvéoles • **Toit de la base sous-marine :** accès libre dès 9h, fermeture entre 17h et 22h suivant la saison.*

Les visites autour du port de Saint-Nazaire

Les visites des **Chantiers de l'Atlantique**, de l'**usine Airbus** et du **grand port maritime** se font toutes les trois en car, au départ de la **base sous-marine,** et durent chacune 2h. Mêmes **conditions de visite :**

*Résa obligatoire sur **saint-nazaire-tourisme.com** ou au ☎ 02 28 54 06 40 (au plus tard 48h avant pour l'usine Airbus) • Rdv à la **billetterie centrale**, bd de la Légion-d'Honneur • **Tarifs par vis. :** adulte 17 €, réduit 15 €, 4-17 ans 8,50 € • Vis. conseillées à partir de 7 ans.*

Pour certains autres sites également très prisés (***Espadon***, **Escal'Atlantic**), la réservation est fortement conseillée. Des forfaits sont proposés pour la visite combinée de plusieurs d'entre eux : *Espadon*, Escal'Atlantic, EOL, Écomusée, Chantiers de l'Atlantique, usine Airbus (voir p. 94 et 151).

5 Escal'Atlantic✦✦✦

Étonnant et ludique, Escal'Atlantic met à l'honneur de manière vivante et interactive l'**histoire des paquebots transatlantiques** issus de la construction navale nazairienne, tels que le *Normandie* (1935) ou le *France* (1962).

Le gigantisme du site, installé dans l'ancienne base sous-marine, permet une reconstitution fidèle des différents espaces de ces géants flottants : cabines, salle des machines, grand hall, salle à manger, pont promenade... Plus qu'un musée, une véritable expérience immersive qui ravira toute la famille !

*Base sous-marine, bd de la Légion-d'Honneur • Mêmes horaires de vis. que l'*Espadon *• Adulte 14 €, réduit 12 €, 4-17 ans 7 € ; gratuit Pass Nantes (p. 94) • Vis. d'env. 1h30.*

Le port de Saint-Nazaire vu depuis le toit de la base sous-marine

6 Chantiers de l'Atlantique✦✦

C'est peut-être le site le plus emblématique de Saint-Nazaire. Au cours d'une visite guidée passionnante, vous traverserez en car une partie des 100 ha d'**ateliers de construction** et approcherez des **paquebots** grands comme des immeubles… visibles depuis l'autre rive de la Loire ! Vous pourrez ainsi vous familiariser avec le savoir-faire de l'un des plus grands chantiers navals au monde et percer les secrets de confection de navires tels que le *France*, le *Queen Mary 2* ou *Harmony of the Seas*. Clou du spectacle : la descente dans la grande **cale de construction**, qui permet d'apprécier le gigantisme des lieux.

7 Usine Airbus✦✦

Saint-Nazaire abrite également l'un des fleurons de l'industrie aéronautique française : le constructeur Airbus. C'est en 1923 que le site des chantiers navals a commencé à se diversifier en fabriquant les premiers hydravions. Aujourd'hui, la proximité du port sert à assurer le transport de pièces de grande taille jusqu'aux ateliers d'Airbus, où sont assemblés, équipés et testés les pointes avant et les fuselages centraux des A320, A330 et A350. La visite guidée de 2h en car (encadré ci-contre) est l'occasion d'approcher ces géants des airs comme nulle part ailleurs !

8 Grand port maritime de Nantes-Saint-Nazaire✦✦

Grâce à cette visite exceptionnelle, le premier port de la façade atlantique française n'aura plus de secrets pour vous ! Le **circuit en car commenté** donne à voir les installations et les activités de ce pilier de l'économie locale, dans lequel près de 3 000 navires transportant marchandises, pétrole, gaz, etc., sont accueillis chaque année.

Vous circulerez parmi les montagnes de conteneurs en partance pour les quatre coins du globe. Le ballet des grues et des portiques constitue un spectacle hypnotisant !

Saint-Nazaire, ville arty

À Saint-Nazaire, l'art est présent dans l'espace public grâce à des fresques monumentales ornant certains immeubles du centre-ville, mais aussi à travers des œuvres étonnantes et ludiques, issues du parcours Estuaire (p. 96) : *Le Pied*, *Le Pull-Over* et *Le Système digestif*, trois immenses sculptures installées à gauche de la jetée par Daniel Dewar et Grégory Gicquel, et *Suite de triangles*, œuvre en anamorphose de Felice Varini, visible depuis le toit de l'écluse fortifiée (p. 97).

Œuvres en accès libre t.l.j. 24h/24, à l'exception de Suite de triangles *(horaires d'ouverture de l'*Espadon*).*

9 Promenade du front de mer✦✦

Le point de départ de cette promenade se situe **place du Commando** : une esplanade récemment réaménagée, sur laquelle on peut flâner, boire un verre ou bien écouter des concerts à la belle saison.

La voie longeant l'océan, partagée entre piétons, cyclistes, skates et trottinettes, est vaste et agréable. Longue de 3 km, elle permet d'admirer quelques **jolies villas**, le **Jardin des plantes**, ainsi qu'un bel alignement de **pêcheries** autour du quartier de **Sautron**. Enfin, elle vous mènera jusqu'à la **plage de Villès-Martin**, avec son vénérable phare datant de 1865.

10 La Petite Havane✦

À deux pas du front de mer, la zone située entre l'avenue de la Havane et la rue Georges-Villebois-Mareuil est l'une des rares de Saint-Nazaire à avoir échappé aux bombardements. Baladez-vous dans ce paisible quartier résidentiel et ouvrez l'œil : vous y verrez de magnifiques **demeures Belle Époque** aux murs jaunes, roses ou bleus, qui laissent imaginer comment était la ville d'autrefois.

Av. de la Havane et rues adjacentes.

11 Plage de Monsieur Hulot✦✦

Passage obligé pour les amoureux du 7ᵉ art : le quartier de **Saint-Marc-sur-Mer**, qui a accueilli en 1951 le tournage des célèbres *Vacances de Monsieur Hulot*. De fait, la belle plage familiale star du long-métrage de Jacques Tati est

Plage de Monsieur Hulot

toujours là, dominée par l'Hôtel de la Plage (p. 104) qui a servi de décor au film. Sur l'esplanade plus récente qui la surplombe, une **statue de Monsieur Hulot** contemple l'océan. Idéale pour les selfies !

Rue du Commandant-Charcot • Plage labellisée « Pavillon Bleu » et surveillée l'été.

Restos Bistrots

Café-concert Le Centre

Bar/restaurant 40

À 100 m de la plage de Monsieur Hulot, un restaurant convivial qui propose une bonne cuisine exotique maison. Au menu : des plats indiens, laotiens, thaïs... tous agréablement parfumés et épicés. Le vendredi à 22h, concerts de rock, folk ou funk.

2, rue du Commandant-Charcot • ☎ 02 40 91 90 22 • cafeconcert-lecentre.fr • Lun.-ven. 11h-15h et 17h-23h, dim. 10h-14h • Pas de restauration le dim. Plats env. 12-16 €.

Fourchette et bicyclette

Petite restauration bio 41

Dans ce restaurant engagé, les petits plats sont préparés à base de produits bio et locaux et vendus dans des bocaux consignés. Chaque semaine, un menu différent, essentiellement végétarien, vous y attend. C'est bon, frais, vertueux et proposé à un prix très serré. Que demander de plus ?

106, av. Albert-de-Mun • ☎ 06 27 59 38 20 • fourchette-et-bicyclette.fr • Mar.-jeu. 12h-13h30 et 17h30-19h, ven. 12h-13h30 • Menu entrée-plat-dessert 13 € (+ 2 € de consigne par bocal).

La Grillandine

Cuisine française 42

Dans ce restaurant à la décoration classique, le chef prépare des plats sobres et savoureux qui mettent en valeur les produits du terroir. Si l'ambiance y est toujours chaleureuse, c'est encore plus vrai l'hiver, quand on y est accueilli par les crépitements du feu de cheminée !

20, rue de la Trinité • ☎ 02 40 70 09 30 • lagrillandine.fr • Mer.-dim. midi et soir • Menu entrée-plat-dessert à partir de 27 €.

Bars, clubs Sorties

Le VIP

Salle de concert 23

Cette salle de concert de 550 places, située dans l'une des alvéoles de la **base sous-marine**

Le P'tit Baigneur

(p. 99), accueille des concerts de musiques actuelles : pop, rock, soul, world ou électro. Entre têtes d'affiche et petites pépites indé, de quoi faire de belles découvertes ! L'association aux manettes du VIP organise aussi chaque été le **festival de musiques actuelles « Les Escales »**, l'un des plus importants de la région (p. 155).

Base sous-marine, bd de la Légion-d'Honneur • ☏ 02 51 10 00 00 • levip-saintnazaire.com • Lun.-ven. 13h15-18h + soirs de concert.

Le P'tit Baigneur

Bar de plage 24

Ouvert aux beaux jours, ce bar situé sur la plage familiale de Villès-Martin propose une variété de boissons fraîches et une petite restauration sans chichis. Parfait pour se désaltérer au milieu de sa journée de bronzette… ou avant d'attaquer le GR 34 tout proche (p. 106).

Plage de Villès-Martin • ☏ 02 40 15 56 39 • instagram.com/leptitbaigneur • Avr.-sept. 10h-22h.

VOIR AUSSI P. 99 :

La Baleine Déshydratée 25

Hôtels B&B

Hôtel de la Plage

Hôtel-restaurant 6

En 1953, il partagea l'affiche avec Jacques Tati comme décor des *Vacances de Monsieur Hulot*. Soixante-dix ans plus tard, il est toujours debout (photo p. 11), désormais sous enseigne Best Western. Il vous accueille dans des chambres modernes et confortables, certaines avec balcon et/ou vue sur mer. Le must : petits déj. et repas sont servis dans le restaurant panoramique, avec une vue directe sur la plage. Culte !

Plage de Monsieur Hulot (quartier Saint-Marc), 37, rue du Commandant-Charcot • ☏ 02 40 91 99 01 • hotel-delaplage.fr • Double 75-240 €.

Shopping Cadeaux

L'Attelier

Chocolaterie 15

Parce que le bon chocolat se déguste tout au long de l'année, Laurent Kerdoncuff a choisi Saint-Nazaire pour ouvrir son « Attelier », lieu de gourmandise mêlant goût et éthique. Il a fait le pari d'élaborer son chocolat de manière artisanale, à partir de fèves de cacao équitables et biologiques, torréfiées sur place. Résultat : des tablettes fines et délicieuses...

16, rue Vincent-Auriol • ☎ 02 40 42 45 40 • lattelier.com • Tablettes de chocolat 5-8 €, coffrets 20 et 28 €.

Activités Détente

Croisières découvertes

Changez de point de vue en découvrant Saint-Nazaire, l'estuaire et la côte depuis la mer ! En juillet et août, l'**office de tourisme** organise plusieurs types de croisières, d'une durée variant entre 1h30 et 2h. Elles viennent s'ajouter aux croisières Estuaire (p. 77), au départ soit de Nantes, soit de Saint-Nazaire, qui permettent d'admirer les œuvres d'art du parcours Estuaire (p. 96). Notre coup de cœur ? La « Route des phares » qui s'effectue à la tombée de la nuit, pour tout apprendre sur la navigation nocturne et voir la ville s'illuminer de mille feux...

Départ quai de Kribi • Résa obligatoire • ☎ 02 40 22 40 65 • saint-nazaire-tourisme.com • Adulte 24 €, réduit 22 €, 4-17 ans 12 €.

Louer une pêcherie pour l'apéro

Disséminées le long du littoral, les pêcheries attirent l'œil et attisent la curiosité. Alors, pourquoi ne pas tenter l'expérience de la pêche au carrelet, le temps de quelques heures, depuis l'une de ces cahutes perchées face à l'estuaire de la Loire ? Si vos filets restent vides, vous pourrez toujours prendre l'apéro en profitant du panorama !

Les Pêcheries de Saint-Nazaire ☎ 08 11 26 01 60 • lapecherie.info • Location 35 € pour 4h (+ 15 € avec panier apéritif pour 2 pers.).

Base nautique du skate parc

Cette base nautique située face à la promenade du front de mer (p. 102) ouvre chaque été pour permettre aux estivants de découvrir ou redécouvrir la planche à voile, le catamaran ou la pirogue. Initiation, stage intensif ou simple location de matériel, il y en a pour tous les goûts et tous les niveaux !

Bd Albert-Ier • ☎ 07 50 68 04 85 • saintnazaire.fr • Juil.-août lun.-sam. 9h-19h30 • Cours de 1h env. 20 €.

BALADE SUR LE SENTIER DES DOUANIERS

Le GR 34, ou chemin des douaniers, débute à Saint-Nazaire et suit la côte sur 2000 km jusqu'au Mont-Saint-Michel. Cet itinéraire piétonnier est la meilleure manière de découvrir en douceur les paysages enchanteurs du littoral, entre plages de sable fin, dunes et criques sauvages.

Pêcherie près de Saint-Nazaire

Le sentier préféré des Français

Autrefois utilisé par les douaniers pour traquer les contrebandiers, le **GR 34** a été élu en 2017 GR préféré des Français. Profitez de votre séjour sur la Côte d'Amour pour l'explorer dans chaque ville du littoral : vous serez surpris par la variété des points de vue qu'il offre !

Pour en avoir un aperçu, nous vous proposons la balade suivante, qui débute à **Saint-Nazaire**, là où commence le sentier côtier. L'occasion de poser un nouveau regard sur cette ville industrielle dont le littoral préservé est beaucoup moins connu que celui de ses voisines Pornichet et La Baule.

1.

Départ à côté du **pont de Saint-Nazaire**, qui franchit l'embouchure de la Loire pour rallier Saint-Brevin. Cet impressionnant ouvrage architectural, inauguré en 1975, détient depuis sa mise en service le record du pont **le plus long de France** (3,3 km). Marchez vers le sud jusqu'au **port** : vous longez les bassins des **Chantiers de l'Atlantique** (p. 101) et leurs impressionnants paquebots en cours de construction.

Distance : 5 km • Durée : 1h.

2.

Au port de Saint-Nazaire, vous pouvez admirer, entre les deux jetées (surnommées la « pince de crabe » en raison de leur forme), les sculptures *Le Pied*, *Le Pull-Over* et *Le Système digestif* (encadré p. 102). Empruntez ensuite la

promenade du front de mer à partir de la place du Commando (p. 102). Sur votre droite, le centre de Saint-Nazaire, avec quelques jolies villas ; à gauche, l'océan, mais aussi le **Sammy**, monument célébrant l'arrivée des troupes américaines à Saint-Nazaire en 1917, puis les **pêcheries de Sautron**.

Continuez votre marche sur cette vaste promenade aménagée jusqu'à la **plage de Villès-Martin**, identifiable par son phare de 1865.

Distance : 3 km • Durée : 35 min.

3.

À partir d'ici, le sentier devient plus sauvage. Rapidement, il se montre escarpé et sinueux, avec plusieurs escaliers. Mais les **points de vue** sur les criques surplombées de falaises sont à couper le souffle !

Plus loin, vous passez à côté du **fort de Villès-Martin**, construit en 1861 pour défendre la côte. À l'ombre des pins et des chênes verts, vous longez plusieurs belles **plages taillées dans la falaise**, dont celle de **Trébézy** et ses pêcheries. Vous arrivez enfin sur la célèbre **plage de Monsieur Hulot** (p. 102).

Distance : 6,5 km • Durée : 1h15.

4.

Les plus courageux poursuivront jusqu'à **Pornichet**. Retour par le sentier en sens inverse, ou via la plage à marée basse. Retour possible aussi par le bus (ligne U3 ou S/D) qui amène en 15 min au centre de Saint-Nazaire depuis la plage de Monsieur Hulot.

Distance : 6,5 km • Durée : 1h15.

INFORMATIONS PRATIQUES

- **Départ :** pont de Saint-Nazaire
- **Arrivée :** Pornichet
- **Itinéraire :** 20 km par le GR 34, mais possibilité de tronçonner le parcours.
- **Niveau :** assez facile
- **Durée totale :** env. 4h
- **Retour possible en bus jusqu'à Saint-Nazaire à chacune des étapes du parcours.**
- **Équipement :** chaussures confortables, bouteille d'eau ; en été, chapeau et crème solaire.

La côte de Saint-Nazaire et son enfilade de plages

LA CÔTE D'AMOUR AU NORD DE L'ESTUAIRE

7

Peut-on imaginer surnom plus romantique ? La Côte d'Amour désigne la partie du littoral atlantique entre Saint-Nazaire et Mesquer. Elle rassemble des stations balnéaires petites et grandes, qui offrent à la fois d'immenses plages de sable fin et de petites criques rocheuses, en particulier sur la côte sauvage, la partie la plus découpée du littoral qui comprend Le Croisic, Batz-sur-Mer et Le Pouliguen.

Baie de La Baule

Voir la carte sur le rabat arrière

1 Pornichet✦

Moins connues que celles de La Baule, les plages de la petite station balnéaire de Pornichet n'en valent pas moins le détour. Notre préférée ? Choix impossible entre celle de **Sainte-Marguerite**, charmante et familiale, et celle de **Bonne Source**, la plus étendue de la commune, parfaite pour la baignade et la pêche à pied.

Suivez le **sentier des douaniers** aménagé au bord de l'océan et marchez le long du chemin bordé de villas pour vous faire votre propre idée !

Office de tourisme, 3, bd de la République • ✆ 02 40 61 33 33 • pornichet.fr.

2 La Baule✦✦

Bienvenue dans la destination la plus chic de la façade atlantique ! Cette station balnéaire, l'une des plus anciennes du littoral atlantique, est célèbre pour ses **9 km de plage de sable blond**, propice aux activités nautiques.

Elle se classe d'ailleurs parmi les plus belles baies du monde. Après la traditionnelle balade sur le **front de mer**, voire la baignade, promenez-vous dans ses rues aux boutiques luxueuses. Faites ensuite un tour dans le quartier de **La Baule-les-Pins**, pour découvrir quelques-unes des 4 000 **villas** cossues que compte la ville : vous y découvrirez des merveilles de style Art déco ou Belle Époque pour les plus anciennes.

Office de tourisme, 8, pl. de la Victoire • ☏ 02 40 24 34 44 • labaule-guerande.com/la-baule.htlm.

3 Batz-sur-Mer✦

Ce charmant bourg de la presqu'île guérandaise est situé entre océan et marais salants. Son littoral se compose de criques mais aussi de **plages de sable fin** (Valentin et Saint-Michel).

Au milieu se dresse l'**église Saint-Guénolé**, du XVIIe s., dont la plus haute tour, à 70 m, offre une **vue imprenable** sur les alentours.

La ville compte aussi deux musées mettant en valeur son patrimoine : le **Grand Blockhaus**, vestige impressionnant de la Seconde Guerre mondiale, et le **musée des Marais salants**.

*Office de tourisme : 25, rue de la Plage • ☏ 02 40 23 92 36 • ot-batzsurmer.fr • **Accès à la tour :** adulte 2 €, enfant 1 €.*

4 Le Pouliguen✦✦

Point de départ de la **côte sauvage**, le littoral du Pouliguen est fait de falaises découpées surplombant de

Villa Ker Vary à La Baule

Villas de bord de mer

Au tournant des XIXe et XXe s., industriels et promoteurs achètent à bon prix des kilomètres de terrain sur la côte pour les lotir. Des dunes et des landes émerge bientôt une multitude de maisons de plaisance, accueillies avec envie, curiosité ou dérision.

Sur les parcelles qu'ils viennent d'acquérir, les nouveaux arrivants s'autorisent tous les caprices : cottages du Yorkshire, maison basque, intérieurs mauresques, pastiche de chalet d'alpage… Des constructions fort originales, ornées de frises en céramique, de vitraux et de ferronneries Art nouveau.

Vis. guidée pédestre (1h30) « Villas et architecture » sur résa auprès de l'office de tourisme de La Baule • Adulte 5,50 €.

Port du Croisic au crépuscule

petites criques, comme celle de **Pierre Plate**, dont l'eau couleur lagon lui vaut le surnom de « plage Tahiti ». La côte rocheuse recelle également **23 grottes**, parmi lesquelles celle des **Korrigans**, habitée selon la légende par ces créatures facétieuses. Le Pouliguen est aussi un joli **port de plaisance**.

Pour profiter de tous les atouts de cette cité balnéaire, longez ses **quais** jalonnés de troquets, de boutiques de bord de mer et de manèges jusqu'à la **plage du Nau**, familiale et très animée l'été.

Office de tourisme du Pouliguen : 8, quai du Commandant-L'Herminier • ✆ 02 40 24 34 44 • labaule-guerande.com/le-pouliguen.html.

5 Le Croisic✦✦✦

Situé à l'extrémité de la presqu'île de Guérande, Le Croisic, « Petite Cité de caractère », jouit d'un patrimoine naturel exceptionnel. Promenez-vous le long des quais, entre bateaux de pêche et de plaisance, belles demeures et maisons à pans de bois, et ne manquez pas l'**Océarium** (voir p. 114), très prisé, qui abrite plus de 4 000 poissons et a déjà séduit 7 millions de visiteurs.

Enfin, pour apprécier ses **paysages littoraux époustouflants**, faites le tour de sa **côte sauvage** par le sentier côtier (10 km ; voir p. 116).

Office de tourisme : 6, rue du Pilori • ✆ 02 40 23 00 70 • tourisme-lecroisic.fr.

6 La Turballe✦

Le littoral de La Turballe, ce sont 11 km de plages de sable blond, parmi lesquelles l'agréable **plage des Bretons**, à proximité du centre-ville et du port de plaisance. Mais cette petite commune, premier port de France en nombre de navires adaptés à la pêche en haute mer, vaut particulièrement le détour pour la **pointe de Pen Bron**, long cordon sablonneux entre océan et marais salants, qui fait face à la presqu'île du Croisic.

La balade le long du **sentier littoral** qui longe le massif dunaire protégé est idyllique. Quant à la petite plage aménagée au bout de la pointe, elle livre une **vue** à 360°. Magique !

Office de tourisme : pl. Charles-de-Gaulle • 02 40 23 39 87 • labaule-guerande.com/la-turballe.html.

Plage des Bretons à La Turballe

7 Piriac-sur-Mer**

Cette attachante cité qui séduisit Émile Zola offre un centre-ville préservé. Pour y parvenir, longez l'océan jusqu'au **port**, en vous laissant guider par le clocher si caractéristique de son église du XVIIIe s. Perdez-vous ensuite dans les jolies ruelles pavées de cet ancien village de pêcheurs et laissez-vous charmer par ses maisons aux murs blanchis et aux volets bleus.

Pour la baignade, optez pour la **plage Saint-Michel**, qui longe le centre-ville, ou bien suivez le **chemin côtier** pendant quelques kilomètres vers le nord jusqu'aux sublimes **criques sauvages** bordées de rochers.

Office de tourisme : 7, rue des Cap-Horniers • 02 40 24 34 44 • labaule-guerande.com/piriac-sur-mer-petite-cite-de-caractere.html.

Pause givrée : Le Pôle Nord

Ce glacier réputé se trouve à deux pas de l'océan, au cœur du joli village de Piriac. Craquez pour ses parfums maison ultragourmands, comme le délicieux « rocher », qui reproduit fidèlement le goût des Ferrero Rocher™, ou encore le fondant « millenium », au caramel au beurre salé et à la confiture de lait. Une fois votre glace (ou votre gaufre) en main, rendez-vous sur la jetée pour une dégustation avec vue.

47 *7, pl. de l'Église, **Piriac-sur-Mer** • 02 51 73 02 68 • Avr.-sept. t.l.j. jusqu'à 23h • Glace 1 boule 2,60€, 2 boules 3,60€ ; gaufre à partir de 2,50€.*

8 Mesquer-Quimiac✦

Ce village, situé à l'extrémité nord de la Côte d'Amour, offre des paysages sauvages qui rappellent les plus belles côtes bretonnes, avec en prime parcs à huîtres et marais salants.

La **balade** depuis le petit **port de Kercabellec** jusqu'à la pointe de Merquel est incontournable : elle vous mènera sur une bande de terre étroite d'une quarantaine de mètres à peine, frappée des deux côtés par l'océan.

Une fois au pied du **phare**, arrêtez-vous un instant pour observer. La commune de Penestin vous fait face, et donc la Bretagne. La jolie **plage de Sorlock** est à deux pas, mais vous pouvez aussi pousser jusqu'à celle de **Lanséria**, 2 km plus au sud.

Office de tourisme : pl. de l'Orée-du-Bois • ☏ 02 40 24 34 44 • labaule-guerande.com/mesquer-quimiac.html.

Restos | Bars | Hôtels | Shopping | Activités

Restos Bistrots

Nina à la plage

Brasserie 43

Cette adresse bien connue des habitants et des vacanciers allie un cadre exceptionnel – au bord de la mer, les pieds dans le sable – à une cuisine maison de qualité, fraîche, moderne et variée. On y sert aussi bien des produits de la mer que des viandes et d'excellents burgers. En dessert, craquez pour les spécialités aux framboises ou aux fraises. Déguster une pavlova le regard posé sur l'océan, n'est-ce pas divin ?

*7, bd des Océanides, **Pornichet** • ☏ 02 40 00 91 91 • nina-a-la-plage.fr • T.l.j. 9h-1h • Plat env. 20 €.*

Ko Iki

Restaurant japonais 44

Parce que la gastronomie nippone ne se limite pas aux sushis et aux sashimis, Ko Iki propose des mets authentiques et variés, véritable initiation à la cuisine japonaise traditionnelle. Optez pour un *teishoku* (assortiment de plats) ou un bento. Voyage des sens garanti… pour un prix modeste !

*21, av. Louis-Lajarrige, **La Baule** • ☏ 02 40 91 94 23 • facebook.com/koikicuisinejaponaise • Lun.-sam. midi et soir • Bento env. 20 €.*

Le Ty Mad

Gastronomique 45

Idéalement situé sur le port du Croisic, le Ty Mad accommode avec talent les produits de la pêche locale. Poissons et fruits de mer sont sublimés par l'association de

Le Ty Mad

saveurs, de cuissons et de textures surprenantes et complémentaires. Une adresse qui mérite bien son nom breton, « bonne maison ».

*3, quai de la Petite-Chambre, **Le Croisic** • ☎ 02 40 23 02 77 • ty-mad.com • Haute saison t.l.j. 10h-22h • Plats 16-20 €, menu env. 30 €.*

L'Océan

Brasserie et gastronomique 46

Posé sur un promontoire rocheux au bord de la côte sauvage, l'établissement offre une vue à couper le souffle. Il se partage entre son bistrot (le Bistrot de l'Océan) et son restaurant, L'Océan, plus chic. Tous deux proposent des spécialités tout droit venues de la criée : poissons, coquillages et crustacés, d'une fraîcheur inégalable. Également quelques chambres avec vue (Grand Hôtel de l'Océan).

*Plage de Port Lin, **Le Croisic** • ☎ 02 40 62 90 03 • restaurantlocean.com • Plat à partir de 18 € (brasserie) et 35 € (restaurant).*

VOIR AUSSI P. 111 :

Le Pôle Nord 47

Bars, clubs Sorties

Le Récif

Bar/restaurant 26

Posé à même la plage de Bonne Source à Pornichet, voici l'un des meilleurs spots pour prendre un verre en fin de journée. Vous y dégusterez des vins bio ou naturels au verre, accompagnés le midi d'une cuisine savoureuse et saine. Vue magnifique, déco chaleureuse et accueil sympathique. Un sans-faute !

*112, av. de Bonne-Source, sur la plage, **Pornichet** • ☎ 02 40 61 61 20 • Avr.-oct. t.l.j. sf mar. et mer., f. slt mar. juil.-août et vac. scolaires • Restaurant : service 12h-16h et 18h30-20h (en été, venir très tôt) ; carte 20-40 €.*

Infos Covid-19 ⚠

Compte tenu du contexte sanitaire, de nombreux sites et adresses sont amenés à restreindre leurs horaires d'ouverture et à s'adapter à la situation. Nous vous recommandons de vérifier les horaires et conditions de visite de chaque lieu et adresse sur leur site Internet ou leur page Facebook.

Mojito Bar Le Croisic

Bar 27

Affalez-vous dans l'un des transats de ce bar convivial posé sur la plage de Saint-Goustan. Vous n'aurez plus qu'à siroter, les pieds dans le sable, l'un des nombreux cocktails à base de rhum de la carte, à accompagner éventuellement de très bons accras.

*Plage de Saint-Goustan, **Le Croisic** • 06 08 09 19 17 • Ouv. aux beaux jours.*

Hôtels B&B

Villa Cheminée

Insolite 7

Situé au bord de la Loire, à mi-chemin entre Nantes et Saint-Nazaire, ce logement-œuvre d'art offre une vue imprenable sur le fleuve. Il a été conçu par l'artiste Tatzu Nishi dans le cadre du **parcours Estuaire** (p. 96) et reproduit l'une des cheminées de la centrale thermique située à proximité. L'artiste a eu l'idée de génie de poser à son sommet, à 15 m de haut, un pavillon meublé de 16 m² avec son jardin. Un logement unique, étonnant et poétique !

*Lieu-dit Le Grand Quartier, **Cordemais** (à 34 km N-O de Nantes par la N165, 39 km E de Saint-Nazaire par la N171) • 08 92 46 40 44 (0,35 €/min) • estuaire.info • Chambre 130-140 €, petit déj. inclus • Vis. gratuites de l'œuvre le dim. 14h-17h45 (résa sur nantes-tourisme.com).*

Shopping Cadeaux

Confiserie Manuel

Confiserie 16

Ne quittez pas La Baule sans avoir goûté l'une des spécialités locales : la niniche. Cette sucette tendre, créée en 1947 par la confiserie Manuel, se décline aujourd'hui en 22 parfums : banane, caramel au sel de Guérande, grand marnier, noix de coco, pistache… Plantée sur un bâton en hêtre, elle est confectionnée à partir de beurre, de sucre, de lait, d'huiles essentielles, d'arômes et de colorants naturels. Un pur plaisir gourmand.

*2, av. du Général-de-Gaulle, **La Baule-Escoublac** • 02 40 60 20 66 • niniche-manuel.com • 1,40 € pièce.*

Activités Détente

Océarium du Croisic

Avec ses 4 000 poissons répartis dans 56 bassins, c'est une attraction incontournable de la côte atlantique, et l'un des aquariums les plus fréquentés de France. Parmi les différents espaces proposés, on retiendra l'aquarium panoramique, qui présente une vingtaine de requins d'Australie, ou encore celui rassemblant une centaine de raies

Balade équestre sur la plage à La Baule

majestueuses. Mais l'attraction principale de ce lieu familial reste le groupe de 25 manchots du Cap, dont le nourrissage quotidien réjouit petits et grands.

*Av. de Saint-Goustan, **Le Croisic** • ☏ 02 40 23 02 44 • ocearium-croisic.fr • Adulte 14,90 €, 3-12 ans 11,90 € • Horaires variables suivant la saison ; en été 10h-20h.*

Découverte des algues

Cela ne vous a sûrement pas échappé : depuis quelques années, les algues ont trouvé le chemin de nos assiettes ! Pour apprendre à les connaître et, pourquoi pas, à les accommoder, rendez-vous aux **Jardins de la mer**, ferme marine écoresponsable où vous pourrez vous procurer des conserves, des algues séchées ou des préparations sucrées, mais surtout participer à des ateliers de cueillette ou de cuisine des algues.

***Les Jardins de la mer :** entrée av. de Saint-Goustan, **Le Croisic** • ☏ 09 75 75 84 07 • lesjardins-delamer.fr • Ateliers sur résa ; atelier cueillette : adulte 20 €, 7-17 ans 10 €, atelier cuisine : adulte 30 €, 7-17 ans 15 €.*

Balade à cheval sur la plage

Une balade à cheval sur la plage, les cheveux au vent, au soleil couchant… Si cette image de carte postale vous fait rêver, alors bonne nouvelle : le **centre équestre de La Baule** organise toute l'année des promenades à cheval ou à poney sur la plus grande baie d'Europe. Plusieurs balades sont proposées selon votre niveau.

***Centre équestre :** 5, av. des Rosières, **La Baule** • ☏ 02 40 70 38 28 • centreequestredelabaule.com • Balade de 1h en groupe, toute l'année • Adulte 40 €, 10-18 ans 35 € ; poney (3-9 ans) : 18 € les 30 min, uniquement durant les vac. scolaires de Toussaint, de Pâques et d'été.*

RANDONNÉE SUR LA CÔTE SAUVAGE

Façonnée par les vagues et les vents, la côte sauvage offre des paysages granitiques à couper le souffle. Nous vous proposons de faire le tour de son extrémité ouest, la presqu'île du Croisic, en longeant le sentier des douaniers (p. 106) : une promenade iodée le long de falaises entrecoupées de criques aux eaux turquoise.

1. Port du Croisic

Départ du Croisic, « Petite Cité de caractère » avec son charmant bourg et son port animé.

Prenez la direction N-O, jusqu'à passer devant un bâtiment sur lequel est indiqué « Salerie - poissonnerie » : il s'agit de l'**ancienne criée**, bâtie en 1877 et reconvertie depuis en salle d'exposition.

Un peu plus loin, la butte artificielle du **mont Lénigo**, à l'entrée du port, ménage un joli point de vue sur la jetée et la rade du Croisic.

2. Jetée et phare du Tréhic

Poursuivez jusqu'à l'entrée de la **jetée du Tréhic** (858 m), qui protège l'entrée du port.

Optionnel (+ 2 km) : marchez jusqu'au phare que vous apercevez à l'extrémité de la jetée. Vous aurez alors une très belle vue sur la **pointe de Pen Bron** (p. 111)… et une sensation de bout du monde !

Phare du Tréhic

3. Pointe du Croisic

Continuez vers l'O. À partir d'ici, la côte devient plus sauvage. Vous longez les **baies de Saint-Goustan** et **du Castouillet**, pour atteindre enfin la pointe du Croisic, extrémité O de la presqu'île, d'où vous pourrez admirer le **panorama**. Derrière vous, le **fort de l'Océan** est une ancienne base défensive du XVIIe s., reconvertie en hôtel-restaurant.

4. Menhir et drôles de rochers

Le long du littoral sud, vous rencontrerez le **menhir de la Pierre longue** (2,40 m de haut) – il dominait autrefois la côte, servant d'amer pour les bateaux –, ainsi que différents rochers émergeant de l'océan. Leurs formes atypiques ont inspiré des noms évocateurs : rocher du Dormeur, rocher de l'Ours, rocher des Aiguilles, rocher du Grand Autel…

5. Marais salants et panorama

Vous achèverez le tour de la presqu'île du Croisic en longeant les premiers marais salants guérandais.

Pour finir, grimpez les escaliers jusqu'en haut du **mont Esprit** pour une **vue à 360°** sur la presqu'île, avant de rejoindre le port, où vous pourrez reprendre des forces dans l'une des innombrables crêperies !

INFORMATIONS PRATIQUES

- **Départ/Arrivée :** Le Croisic
- **Itinéraire :** boucle à pied de 10 à 12 km
- **Balisage :** jaune
- **Niveau :** facile
- **Durée :** 2h30
- **Équipement :** chaussures de marche, eau ; en été, chapeau et crème solaire.
- **Conseil :** soyez prudent par grand vent, le sentier peut devenir dangereux.
- **Parking :** près du port de Pornic ; si vous ne trouvez pas de place, laissez votre véhicule sur n'importe quel parking le long du littoral et commencez la balade à partir de là.

La côte sauvage près du Croisic

GUÉRANDE ET LA BRIÈRE

8

Au nord de l'estuaire de la Loire, le parc naturel régional de Brière et les marais salants de Guérande forment deux espaces naturels exceptionnels propices aux balades à pied, à vélo, en barque, voire à cheval. Entre les deux, la cité médiévale de Guérande, à l'intersection entre le pays blanc, celui de la fleur de sel, et le pays noir, celui de la tourbe.

Place Saint-Aubin à Guérande

Voir la carte sur le rabat arrière

1 Guérande+++

Cité médiévale fortifiée, prospère dès l'époque romaine grâce au commerce du sel, Guérande est une étape incontournable qui subjugue par ses ruelles bordées de maisons anciennes.

Le nom même de la cité – *gwenn rann* signifie en breton « pays blanc » – est un hommage à cet « or blanc » qui a fait sa richesse dès le Moyen Âge. Site naturel classé, ses 3610 ha de marais salants, exploités de manière traditionnelle depuis des millénaires, assurent encore aujourd'hui la renommée de la commune au niveau national.

La porte Saint-Michel et les remparts

Guérande est l'une des rares villes françaises à avoir conservé ses remparts dans leur intégralité. Classés monument historique, ils ont été bâtis entre le XIIe et le XVIIe s. On pénètre dans la cité par la **porte Saint-Michel** (XVe s.), la plus imposante des quatre, sur laquelle sont représentées les armes de la ville. Elle avait une fonction à la fois défensive et de prestige. Sa visite vous apprendra tout sur l'histoire de Guérande et vous permettra, en prime, d'arpenter une partie des **remparts**.

***Porte Saint-Michel :** pl. Saint-Jean • ☎ 02 28 55 05 05 • facebook.com/portesaintmichel • Mar.-dim. avr.-juin 10h-18h, juil.-août 10h-20h • Adulte 6 €, réduit 5 € ; gratuit -18 ans.*

Vieilles pierres et crêperies

Les pittoresques ruelles de la cité médiévale labellisée « Ville d'art et d'histoire » invitent à la flânerie, avec leurs boutiques d'artisanat, leurs petits commerces, leurs confiseries. Entre **manoirs de granit** et **maisons à pans de bois**, l'influence bretonne de cette cité, autrefois l'une des places commerciales fortes du duché de Bretagne, ne fait aucun doute. Une impression de dépaysement que les très nombreuses crêperies ne font que renforcer !

Parlez-vous marais salants ?

Les professionnels de la récolte du sel s'appellent les paludiers. Chaque paludier exploite une saline, composée de plusieurs bassins dans lesquels l'eau circule puis s'évapore, avant d'arriver dans les derniers bassins, nommés œillets, où s'effectue la récolte du sel.

Office de tourisme de Guérande : 1, pl. du Marché-au-Bois • ☎ 02 40 24 34 44 • labaule-guerande.com • Parking gratuit à proximité de la porte Saint-Michel.

2 Marais salants✦✦

La récolte de l'« or blanc » dans les marais salants de la presqu'île guérandaise assure sa prospérité depuis l'Antiquité. Aujourd'hui, 300 paludiers (voir encadré) exploitent 7 600 bassins, dans lesquels ils récoltent chaque été le gros sel et surtout la

Pause galette : Roc Maria

Impossible de traverser Guérande, la plus bretonne des cités de Loire-Atlantique, sans faire halte dans une crêperie ! Installée dans une vieille bâtisse en pierre du XVe s., Roc Maria vous reçoit pour déguster des crêpes et galettes aux recettes authentiques, qui font la part belle aux produits du terroir. Goûtez la « Bonne du Curé », au Curé Nantais (p. 133), ou la « Paysanne », à l'andouillette cuisinée au coteau-du-layon.

***52** 1, rue du Vieux-Marché-aux-Grains, **Guérande** • ☎ 02 40 24 90 51 • **hotel-creperie-rocmaria.com** • T.l.j. midi et soir avr.-août et vac. scolaires • Galette env. 10 €, crêpe env. 6 €.*

L'une des chaumières restaurées de Kerhinet

fameuse **fleur de sel**, qui fait la renommée de la région. Véritable réservoir de biodiversité, les marais salants abritent plus de 180 espèces d'oiseaux : spatules blanches, sternes, échasses blanches, hérons...

Pour une immersion en pleine nature, nous vous conseillons de les explorer **à vélo**, et si possible à la tombée du jour, pour admirer les reflets du soleil couchant se décuplant à l'infini sur les bassins bleus, verts et roses (p. 123).

Office de tourisme de Guérande : *voir ci-dessus.*

3 La Brière✦✦

Deuxième plus grand marais de France après la Camargue, la Brière est un espace sauvage préservé de plus de 50 000 ha. Entre marais et enchevêtrements de canaux, un tiers de sa surface est constitué de zones humides, que l'on peut découvrir à pied, à vélo, en calèche ou bien en chaland (p. 124). Idéal pour se ressourcer ! Le parc naturel régional a été créé en 1970 afin de protéger sa remarquable biodiversité : plus de 900 plantes et de très nombreux oiseaux. L'un des meilleurs sites pour observer hérons, aigrettes ou encore spatules blanches est la **réserve naturelle Pierre-Constant**.

Bureau d'information touristique de Brière : *15, village de Kerhinet,* ***Saint-Lyphard*** *• ☎ 02 40 66 85 01 • parc-naturel-briere.com.*

Réserve naturelle Pierre-Constant : *port de Rozé, 7, rue Laënnec,* ***Saint-Malo-de-Guersac*** *• ☎ 02 40 24 34 44 • parc-naturel-briere.com • Accès libre • Prêt gratuit de jumelles.*

4 Kerhinet✦✦

Coup de cœur garanti pour ce hameau pittoresque entièrement piéton, que l'on croirait tout droit sorti d'un conte de fées ! Composé de **18 chaumières** restaurées, de deux fours à pain, d'un puits et d'un lavoir, ce musée à ciel ouvert constitue un bel exemple de mise en valeur du patrimoine local. Car la Brière, en plus d'être un espace naturel préservé, abrite 60 % des 3 000 **chaumières** existant encore en France, dont 800 dans le seul village de **Saint-Lyphard**, auquel le hameau de Kerhinet est rattaché.

Pour tout savoir sur le village d'autrefois, suivez les 12 panneaux du **parcours d'interprétation**, puis rendez-vous dans la **chaumière des saveurs et de l'artisanat** où artisans et producteurs briérons proposent des produits « made in Brière ».

*À 8 km de Guérande • Parking gratuit au 10, village de Kerhinet, **Saint-Lyphard** • Marché du terroir le jeu. en été • Chaumière des saveurs et de l'artisanat : ☎ 02 40 61 95 53 ; facebook.com/saveursetartisanat.*

5 Belvédère de Rozé✦

Planté au milieu du port de Rozé, à deux pas de la réserve naturelle Pierre-Constant, ce belvédère haut de 24 m offre un **panorama à 360° sur le parc naturel régional de Brière**. Montez ses 128 marches jusqu'au sommet pour contempler le paysage verdoyant, strié de canaux. Par temps clair, vous distinguerez peut-être à l'horizon les portiques caractéristiques des Chantiers de l'Atlantique, implantés à Saint-Nazaire (p. 101).

*À 27 km E de Guérande • 2, pl. des Écluses, **Saint-Malo-de-Guersac** • saint-nazaire-tourisme.com • T.l.j. 8h-18h • Accès libre.*

Restos | Bars | Hôtels | Shopping | Activités

Restos Bistrots

Goût'Thé

Salon de thé

48

Ce salon de thé cosy est un havre de plaisir pour tous les becs sucrés ! Installé dans un des fauteuils moelleux, on s'y régale de chocolats chauds ultragourmands et de pâtisseries à tomber : tartelette au citron vert, gâteau nantais, fondant au chocolat... Le midi, on y sert également de jolies assiettes maison, colorées et savoureuses.

*30, rue de Saillé, **Guérande** • ☎ 02 40 01 88 83 • goutthe.com • mer.-sam. 10h-19h, dim. 11h-19h • Pâtisserie 3,50 € ; formule déjeuner 10 €.*

La Dilane

Crêperie

49

Difficile de choisir parmi les nombreuses crêperies guérandaises. La Dilane se démarque pourtant des autres établissements par l'utilisation d'ingrédients bio pour ses crêpes et ses galettes, qui sont toutes garnies de produits du terroir : saucisse et jambon artisanaux, andouille de Guémené, œufs bio… Un résultat de qualité pour un prix très correct.

*8, rue de Saillé, **Guérande** • ☏ 02 28 55 89 71 • T.l.j. midi et soir, sam.-dim. en continu • Galette complète env. 7€.*

La Causerie

Gastronomique 50

Ce restaurant niché au cœur des marais salants vous accueille dans un décor élégant pour déguster des mets raffinés sublimant les produits de la presqu'île guérandaise. Exemples de plats : maki de merlu sauce coco curry, filet de turbot sauce vierge et pommes de terre nouvelles à la sarriette…

*16, rue des Prés-Garnier, **Saillé** (commune de Guérande) • ☏ 02 40 42 33 10 • restaurant-lacauserie.com • Mar.-jeu. 19h30-21h30 ; ven.-sam. 12h-13h30 et 19h30-21h30, dim. 12h-13h30 • Menu 38€.*

Auberge de Kerhinet

Cuisine du terroir 51

Installé dans l'une des charmantes chaumières du hameau de Kerhinet (p. 120), ce restaurant marie avec talent les ingrédients du terroir pour proposer des plats typiques de la cuisine briéronne : cuisses de grenouilles en persillade, anguilles rôties, lotte au lard, pigeonneau… Une cuisine à la fois rustique et authentique. L'auberge loue également cinq chambres élégantes.

*10, village de Kerhinet, **Saint-Lyphard** • ☏ 02 40 91 32 36 • aubergedekerhinet.com • Mar.-dim. 10h-17h, ven.-sam. jusqu'à 22h.*

VOIR AUSSI P. 119 :

Roc Maria 52

Bars, clubs Sorties

Le Gaëlic's Pub

Pub 28

Ce pub rustique et accueillant réussit avec brio à reproduire en pleine Brière l'ambiance chaleureuse des pubs irlandais. Dans l'assiette, une cuisine roborative façon fast-food, avec un nouveau burger chaque semaine et un grand choix de bières et de whiskys. À l'arrière, le jardin permet, aux beaux jours, de jouer à divers jeux (pétanque…).

*3 pl. de l'Église, **Saint-Lyphard** • ☏ 02 40 91 46 52 • facebook.com/LeGaelicsPub • Toute l'année 17h-minuit • Burger env. 7€.*

Hôtels B&B

La Mare aux Oiseaux

Hôtel de charme/restaurant 8

Plus qu'un hôtel, voici un refuge à la fois paisible et luxueux, en plein cœur des marais de Brière. Ses 15 chambres réussissent à atteindre l'équilibre délicat entre tradition et modernité : elles vous permettront de vous ressourcer entre deux balades en pleine nature. Pour prolonger le plaisir,

Paludier dans les marais salants de Guérande

offrez-vous un soin au spa ou bien un repas au restaurant de l'hôtel, étoilé au Michelin. Le chef Éric Guérin y sublime les produits du terroir avec créativité.

*223, rue du Chef-de-l'Île, **Saint-Joachim** • ☎ 02 40 88 53 01 • mareauxoiseaux.fr • Réception ouv. 24h/24 • Double à partir de 100 € • Restaurant : f. lun. et mar. ; menu à partir de 55 € • Spa : t.l.j. sf mar. 10h-20h.*

L'Insolite Voyage

Hébergement insolite

9

Vous rêvez de vous évader en pleine nature ? Optez pour un séjour dans la grande **pêcherie** posée sur la rivière du Brivet, au cœur du parc naturel de Brière. Cet hébergement, à la fois insolite et écologique, est aménagé pour vous accueillir en famille ou entre amis (jusqu'à 4 pers.). Il vous permettra aussi de vous initier à la **pêche au carrelet** et de cuisiner vos prises sur le réchaud à gaz. Une expérience mémorable !

*Site de Brais, **Saint-Malo-de-Guersac** • ☎ 08 11 26 01 60 • insolite.voyage • À partir de 75 € la nuit pour 2 pers.*

Activités Détente

Découverte des marais salants

Le saviez-vous ? Avant d'arriver sur votre table, le sel de Guérande passe par un circuit complexe au cœur des marais salants. **Terre de sel** vous dévoile les secrets de son élaboration dans un espace d'exposition bien conçu présentant la vie dans les marais salants au fil des saisons, mais surtout grâce à des visites thématiques passionnantes, animées par des

Balade en chaland dans le parc naturel régional de Brière

paludiers qui vous emmènent à travers les salines et vous livrent les ficelles de leur savoir-faire ancestral. Captivant !

***Terre de sel**, rue Pradel, **Guérande** • 02 40 62 08 80 • terredesel.com • T.l.j., horaires selon saison • Expo seule : adulte 4 €, 3-15 ans 2 € • Vis. thématiques de 45 min à 3h, sur inscription ; adulte à partir de 9,50 €, 3-15 ans 4 € (et entrée à l'expo gratuite).*

La Brière en chaland

Pour une immersion totale au cœur de la nature briéronne, rien ne vaut une promenade commentée en chaland, barque traditionnelle à fond plat. **Alain Lévêque** partagera avec vous sa passion pour la faune et la flore briéronnes, ainsi que sa connaissance de l'histoire et des traditions locales. Une balade qui laisse aussi place à la contemplation et à des moments où les bruissements de la nature ne sont troublés que par le bruit des rames. Résolument apaisant.

*Départ du port de Tréhé, route de Tréhé, **Saint-André-des-Eaux** • 06 48 07 47 33 • escalenbriere.com • Balades en groupe de 1h15, 2h ou 3h, sur résa • Adulte 12-18 €, 3-12 ans 6-8 €.*

La Brière en calèche

Avec ses chaumières et sa nature intacte, la Brière donne parfois l'impression que le temps s'est arrêté. Embarquez pour une promenade en calèche afin de découvrir le parc sans rien entamer de ce tableau pastoral. Au fil de la balade, le guide évoque les traditions de la région, ses métiers, son artisanat, à l'aide d'anecdotes vivantes.

***Les Calèches briéronnes**, route de Bréca, **Saint-Lyphard** • 02 40 91 32 02 • calechesbrieronnes.free.fr • Balade de 45 min en groupe, t.l.j. sur résa • Adulte 9,50 €, enfant 4,50 € • Forfait possible avec une balade en chaland.*

TOP DES ACTIVITÉS À FAIRE QUAND IL PLEUT

Vous aviez planifié un beau week-end à Nantes et sur la côte, mais vous êtes victime du mauvais temps? Pas de panique, voici des solutions de repli pour un séjour réussi malgré la pluie!

Les musées nantais

Musée d'Arts, Muséum d'histoire naturelle, musée de l'Imprimerie... Le choix ne manque pas. Que vous ayez une heure à occuper ou une demi-journée, les musées nantais vous en mettront plein la vue!

Voir Nantes, quartiers 1 et 2.

Les boutiques du passage Pommeraye

Flânez à l'abri des intempéries dans ce sublime passage couvert qui rassemble de nombreuses boutiques. L'averse se prolonge? Voilà une bonne excuse pour vous installer chez La Passagère (p. 30) pour un chocolat chaud.

Voir Nantes, quartier 1 p. 23.

La pêche à pied

Enfilez votre ciré et vos bottes et partez à l'assaut du littoral à marée basse! Armé d'un seau et d'une épuisette, vous pêcherez en suivant les indications à l'entrée des plages. Les meilleurs spots : la pointe Saint-Gildas, les plages de Saint-Michel-Chef-Chef, de Pornic ou de Pornichet.

Voir Côtes d'Amour et de Jade, visites 7 et 9.

Les attractions de Saint-Nazaire

Saint-Nazaire met en valeur son patrimoine maritime à travers des espaces originaux et pédagogiques. Coup de cœur garanti pour le sous-marin *Espadon* et Escal'Atlantic!

Voir Saint-Nazaire, visite 6 p. 98 et 100.

L'Océarium du Croisic

Cette attraction incontournable du littoral vous accueille en toute saison avec ses 4000 poissons répartis dans 56 bassins.

Voir Le Croisic, visite 7 p. 110 et 114.

Océarium du Croisic

LA CÔTE DE JADE AU SUD DE L'ESTUAIRE

9

La Côte de Jade s'étend du sud de l'estuaire de la Loire jusqu'au marais breton vendéen. Moins urbanisée que la Côte d'Amour, elle offre des paysages découpés, ponctués de plages de sable fin et de charmantes pêcheries que vous apprécierez particulièrement depuis le chemin côtier ou sentier des douaniers.

Vieux port de Pornic

Voir la carte sur le rabat arrière

1 Saint-Brevin-les-Pins✦

Avec ses **8 km de plages** de sable fin, aux eaux peu profondes mais aux vagues puissantes, Saint-Brevin est une destination privilégiée pour les sports nautiques. Surf, paddle, bodyboard, char à voile... se pratiquent en particulier sur les plages de l'Océan et de l'Ermitage.

Au nord, dans le quartier de **Mindin**, à la pointe du Nez-de-Chien, vous attend l'une des œuvres les plus impressionnantes du parcours Estuaire : le ***Serpent d'océan*** (p. 97), de l'artiste chinois Huang Yong Ping. Cette sculpture en aluminium de 130 m de long crée la surprise en se découvrant et se recouvrant à chaque marée.

À proximité, le **musée de la Marine**, installé dans un fort du XIXe s., retrace l'histoire de la construction navale de l'estuaire (nombreuses maquettes).

Office de tourisme : 10, rue de l'Église, ☎ 02 40 27 24 32, saint-brevin.com

*• **Musée de la Marine :** pl. Bougainville, ☎ 02 40 27 00 64, museemarinemindin.com ; adulte 6 €, 12-16 ans 4 €, gratuit - 12 ans.*

2 Pointe Saint-Gildas✦✦

Cette presqu'île rocheuse est un bijou de la nature ! Elle offre un concentré des **plus beaux paysages** de la Côte de Jade. Son **sentier côtier** traverse une réserve naturelle n'abritant pas moins de 337 espèces végétales et 161 espèces animales, parmi lesquelles de nombreux oiseaux (fauvette pitchou, pipit maritime, goéland cendré…).

Le nord de la presqu'île dévoile des **points de vue** à couper le souffle sur l'estuaire de la Loire, la baie de Bourgneuf et l'île de Noirmoutier. Le **sémaphore** accueille un musée consacré aux phares et sémaphores et à la vie de leurs gardiens.

*Pointe Saint-Gildas, **Préfailles** • ☎ 02 40 21 62 22 • pornic.com/la-pointe-saint-gildas.html • Vis. du sémaphore : adulte 4,50 €, enfant 3,50 €.*

3 Saint Michel-Chef-Chef✦

Célèbre grâce à la galette qui porte son nom, le village de Saint-Michel-Chef-Chef est également connu pour sa **station balnéaire de Tharon** : la grande plage de sable fin, agrémentée de pêcheries, est considérée comme l'une des plus belles du sud de la Loire-Atlantique. Un peu plus au nord, la charmante **plage de Gohaud** affiche, elle, un côté plus sauvage et fera le bonheur des sportifs (surf, kite…).

Office de tourisme : av. de la Convention, square de Jade, Tharon-Plage • ☎ 02 40 27 82 54 • pornic.com.

4 Pornic✦✦✦

L'étape littorale incontournable ! Tout séduit à Pornic, la « Perle de Jade » : son authenticité, son vieux port plein de charme, le majestueux château qui le surplombe, ses jolies plages… Plusieurs **escaliers** permettent le passage entre la ville haute et la ville basse ; ils offrent

Pause fruitée : La Fraiseraie

Même si la marque, fondée en 1970, est désormais présente de l'île de Ré à Nantes, un passage par la maison mère à Pornic s'avère in-con-tour-nable ! À tel point que les habitants surnomment le quai situé en face de la boutique le « mur de la lèche » ! Goûtez le parfum fraise des îles, mélange de fraise et de fruits exotiques, et embarquez pour un voyage gustatif inédit… Plus qu'une glace, un rituel !

56 *Pl. du Petit-Nice, **Pornic** • ☎ 02 40 82 41 61 • lafraiseraie.com • T.l.j. 9h30-23h.*

Port et château de Pornic

de beaux points de vue surélevés sur le port, où tanguent bateaux de pêcheurs et vieux gréements.

Ne vous limitez pas à la balade le long des quais, aventurez-vous aussi dans le **réseau de petites rues** de la ville médiévale, ou dans l'ancien quartier de pêcheurs du **Bourg aux Moines**.

Corniche de la Noëveillard…

La portion du **sentier des douaniers** qui va de la plage du Porteau jusqu'au vieux port (4 km) est l'une des promenades les plus appréciées de la région. Au fil de la marche, Pornic se dévoile. C'est au bord de ce littoral que furent construites, au milieu du XIXe s., les premières villas pornicaises, qui valurent à cet endroit le surnom de « côte des milliardaires ».

La balade s'achève sur la **corniche de la Noëveillard**, en contrebas du château. Ce chemin pittoresque, taillé à flanc de rocher, a inspiré à Auguste Renoir plusieurs toiles. Léché par la mer à marée haute, il se prolonge jusqu'aux quais par une passerelle en bois.

… ou de Gourmalon ?

Au sud du vieux port, suivez le **chemin côtier** le long de la **corniche de Gourmalon** pour admirer les somptueuses **villas balnéaires** nichées dans leur écrin de verdure. Construites à partir de la fin du XIXe s., certaines sont agrémentées de kiosques d'où leurs riches propriétaires contemplaient la vue, à l'abri des intempéries.

APPLI MALIGNE À PORNIC

Imagina vous donne des infos sur les lieux où vous vous trouvez : plan interactif, visites, circuits de rando, agenda des événements, météo, stationnement…

Poursuivez votre balade le long du paysage rocheux parsemé de pêcheries jusqu'à la **plage de la Source** (2,5 km), où est installée la thalasso de Pornic, dans un bâtiment de la fin du XIXe s. qui était autrefois un casino.

La Ria

Derrière la gare, la Ria (endroit où la mer entre dans les terres) a été récemment aménagée pour créer une promenade bucolique le long d'un **parc botanique** de 13 ha, planté d'espèces exotiques et ponctué de pontons en bois.

Le château

Édifié au XIIIe s., ce château médiéval qui donne à Pornic son air de carte postale appartenait initialement aux seigneurs de Retz. Il fut notamment la propriété, au XVe s., de **Gilles de Retz**, figure terrible de l'histoire locale qui aurait inspiré à Charles Perrault le personnage de Barbe-Bleue.

Détruit en grande partie par un incendie en 1793, il fut reconstruit au début du XIXe s. Aujourd'hui résidence privée, il ouvre ses portes lors des Journées du patrimoine et en été pour des visites guidées. Inscrivez-vous-y pour bénéficier, depuis les plus hautes tours, d'un **panorama époustouflant** sur la ville !

*Office de tourisme de Pornic : pl. de la Gare • ☎ 02 40 82 04 40 • pornic.com • **Château :** vis. guidées sur résa, 7 €/pers.*

Restos | Bars | Hôtels | Shopping | Activités

Restos Bistrots

Côtes et Dunes

Brasserie 53

Dans ce restaurant d'emblée chaleureux, la déco fait la part belle aux matériaux naturels tels que le bois. Installez-vous devant la verrière panoramique ou bien sur la terrasse afin de profiter de la vue sur l'océan, et savourez les grillades et les appétissants plats maison, élaborés à partir de produits locaux.

*1, allée du Béa, **Saint-Brevin** • ☎ 06 42 98 65 94 • cotes-et-dunes.fr • T.l.j. 12h-14h et 19h15-22h • Menu à partir de 16 €.*

Le Comptoir Gali

Brasserie terre et mer 54

Idéalement situé sur le vieux port de Pornic, ce restaurant propose une cuisine terre et mer maison, mitonnée à partir de produits de saison. Les plats sont fins, créatifs et joliment présentés : poulpe mariné au citron, chair de crabe à la coriandre, samoussas de Curé Nantais aux pommes… Miam !

*23, quai Leray, **Pornic** • ☎ 02 51 18 16 40 • lecomptoirgali.fr • Mar., mer., ven. et sam.*

12h-14h et 19h-21h30, jeu. et dim. 12h-14h • Menu midi entrée-plat env. 19 €.

Crêperie de la Source

Crêperie 55

À deux pas de la plage… de la Source, cette crêperie moderne prépare des crêpes et galettes originales et généreuses garnies de magret de canard poêlé, de Curé Nantais ou encore de thon rouge snacké aux graines de sésame. Autre point fort du restaurant : sa terrasse surplombant l'océan et les pêcheries, qui offre une vue exceptionnelle.

*106, rue de la Source, **Pornic** • ✆ 02 51 74 29 36 • facebook.com/creperiedelasourcepornic • T.l.j. 12h-14h et 19h-21h • Galette complète autour de 10 €.*

VOIR AUSSI P. 127 :

La Fraiseraie 56

Bars, clubs Sorties

Apérock Café

Bar à thème/restaurant 29

La recette antimorosité de ce lieu dédié aux amateurs de musique ? Des concerts de rock, pop ou folk tous les samedis soir, ainsi que des soirées à thème en semaine (salsa, karaoké, etc.). Le tout dans une ambiance super conviviale ! Restauration à base de classiques français, de tapas et de snacks généreux, à arroser d'un cocktail ou d'une bière à choisir parmi les 50 variétés disponibles.

*10, rue Foucher, **Saint-Brevin-les-Pins** • ✆ 02 40 27 43 31 • laperockcafe.fr • T.l.j. sf mar. midi et soir, dim. en continu • Formule midi entrée-plat-dessert 13€.*

Le Moody

Café-concert 30

On se sent tout de suite bien dans ce bar intergénérationnel à la déco façon « cale de bateau ». Il propose une scène ouverte le jeudi soir ainsi que des concerts réguliers, dans une ambiance toujours convivale. En été, sirotez votre verre en terrasse en profitant des derniers rayons du soleil sur le vieux port... Magique !

*15, quai du Commandant-L'Herminier, **Pornic** • ✆ 07 68 73 72 10 • facebook.com/barpornic • Mer.-dim. 16h-1h.*

Hôtels B&B

La Fontaine aux Bretons

Écodomaine 10

La campagne à 3 min de l'océan ! C'est dans un ancien corps de ferme, au cœur d'un domaine de 12 ha, à deux pas de la plage du même nom, que se situe ce domaine engagé dans une démarche durable. On y trouve des hébergements de charme (2-5 pers.) avec vue sur l'océan et les vignes, mais aussi un restaurant

La Fontaine aux Bretons

approvisionné en majorité par les fruits et légumes cultivés sur place et une petite boutique de produits locaux et éthiques. Nombreux ateliers de découverte de l'apiculture, de la permaculture, de la culture au naturel, et cours de cuisine à base de produits du cru.

*Rue des Noëlles, **Pornic** • 02 51 74 07 07 • lafontaineauxbretons.fr • Double à partir de 79 € • Menu env. 30 € • Ateliers adultes 25 € (avr.-nov.) • Ateliers enfants de découverte de la ferme 5 €.*

Shopping Cadeaux

L'Atelier Saint-Michel

Galettes 17

Désormais, vous ne confondrez plus : les fameuses galettes viennent de Saint-Michel-Chef-Chef, et non du Mont-Saint-Michel ! Dans la boutique, vous pourrez bien sûr vous en procurer, mais aussi découvrir une exposition consacrée à la célèbre biscuiterie familiale, fondée en 1905. Un « Saint-Michel Café » vous y accueille pour une pause gourmande.

*8, rue du Chevecier, **Saint-Michel-Chef-Chef** • 02 51 74 75 21 • atelierstmichel.fr • Mai-sept. t.l.j. 9h-19h, le reste de l'année dim. et lun. 9h30-12h30, mar.-sam. 9h30-12h30 et 14h-19h.*

Activités Détente

Visite d'une ferme de spiruline

La notoriété de la spiruline, super aliment connu pour sa richesse en antioxydants, fer, protéines, vitamines et minéraux, s'est

Faïencerie de Pornic

développée ces dernières années. La visite guidée proposée par la **ferme des Roseaux** vous fait découvrir la production artisanale et écologique de cette microalgue aux propriétés étonnantes. Vente directe sur place.

*2, chemin des Roseaux, **La Plaine-sur-Mer** • ☏ 02 40 21 23 29 • spiruline-de-retz.fr • Vis. gratuite sur résa : juin-sept. jeu.-ven. 16h-19h et sam. 10h-13h ; oct.-mi-déc. et mi-déc.-fin mai ven. 16h-18h.*

Pêcher au carrelet

Qui n'a jamais eu envie de se prendre pour un pêcheur, le temps d'une journée ? Perché dans l'une de ces jolies pêcheries qui parsèment le littoral de la Côte de Jade, initiez-vous en famille ou entre amis à la pêche au carrelet et tentez d'attraper bars, mulets ou éperlans...

***Pêcherie de la Govogne, La Plaine-sur-Mer** • Résa auprès du bureau d'information touristique de la localité : ☏ 02 40 21 52 52, pornic.com • Toute l'année, sous réserve de marée assez haute • 40 € la journée (jusqu'à 5 pers., à partir de 13 ans).*

Naviguer sur un voilier

Vous rêvez d'admirer la Côte de Jade depuis la mer ? Le ***Corsaires de Retz***, long de 25 m, déploie ses 125 m² de voilure pour vous conduire le long des côtes de la pointe Saint-Gildas, des îles de Noirmoutier ou de la baie de Bourgneuf. Sorties avec ou sans escale, de 2h30 au week-end entier.

*Embarquement quai Lherminier à **Pornic** • corsairesderetz.free.fr • Sur résa auprès de l'office de tourisme : ☏ 02 40 82 04 40 • Adulte à partir de 25 €, 3-12 ans 20 €.*

Visite de la faïencerie de Pornic

Ouverte en 1947, la faïencerie est l'un des fleurons de l'industrie pornicaise. Son produit phare, le « bol à oreilles » décoré d'un prénom, s'écoule chaque année à 390 000 exemplaires. Après la visite des ateliers de fabrication des faïences, faites un tour à la boutique et à son petit espace muséal. Vous pourrez y peindre votre propre bol, assiette ou plat, conseillé par une décoratrice de l'usine. Comptez ensuite trois à quatre jours pour récupérer votre pièce une fois cuite et émaillée.

*Rue de la Faïencerie, **Pornic** • ☏ 02 51 74 19 10 • faiencerie-pornic.fr • Magasin d'usine : lun.-sam. 10h-12h30 et 14h-19h • Vis. guidée sur résa mar. et jeu. ap.-m. (45 min) ; adulte*

Fromagerie du Curé Nantais

4 €, enfant 2 € • Atelier de décoration sur résa, prix variable selon la pièce à décorer.

Balade en kayak

Une manière originale de découvrir le littoral ! Contemplez la magie des paysages côtiers depuis la mer grâce à une balade guidée avec **Kayak Nomade**. Plusieurs circuits disponibles, de 2 à 3h. Pour pousser le romantisme à son paroxysme, optez pour la balade au coucher du soleil à la pointe Saint-Gildas. Un must !

*41, rue Jules-Verne, **Pornic** • ✆ 06 72 88 18 54 • kayaknomade.fr • Sur résa • Le mer. en été, sur demande hors saison • Adulte à partir de 23 €, enfant (dès 8 ans) 16 €.*

Visite de la fromagerie du Curé Nantais

Le saviez-vous ? Le plus nantais des fromages est fabriqué… à Pornic ! Pour découvrir l'origine de son nom et ses secrets de fabrication, embarquez pour une visite guidée passionnante de son usine ! Vous assisterez en direct à toute la chaîne de fabrication, depuis l'épaississement du lait dans de grandes cuves en cuivre jusqu'à la maturation des fromages. La visite se termine dans un espace muséal avec une dégustation. Aussi bon à croquer qu'en cuisine, Le Curé Nantais se décline en diverses variétés (au muscadet, fumé, à la bière…), en vente, avec des spécialités locales, dans la jolie boutique du rez-de-chaussée.

*16, rue du Dr-Auguste-Guilmin, **Pornic** • ✆ 02 40 82 28 08 • curenantais.com • Vis. (1h) le matin mar.-ven. sur résa • Adulte 2 €, gratuit -6 ans • Boutique mar.-sam. 9h-13h et 14h30-19h.*

Visite de la brasserie de la Côte de Jade

Découvrez la fabrication artisanale de la **Brigantine**, brassée selon des méthodes de fabrication traditionnelles belges, au cours d'une visite de son usine accompagnée d'un court film explicatif et d'une dégustation. Cette bière à double fermentation, ni filtrée, ni pasteurisée, se décline en sept versions : blanche, blonde, blonde triple, IPA, ambrée, brune et rousse, en vente dans le magasin attenant.

*13, rue Becquerel, **Pornic** • ✆ 02 40 82 87 16 • biere-pornic.com • Vis. gratuite lun.-ven. à 16h en été, jeu. à 16h avr.-sept. • Magasin d'usine : basse saison lun.-ven. 15h-18h, haute saison lun.-sam. 15h-18h et aussi le matin 10h-12h en été.*

LES PLUS BELLES PLAGES

Larges étendues de sable fin propices au farniente ou aux activités nautiques, petites criques secrètes ou plages charmantes piquetées de pêcheries... Vous trouverez forcément votre bonheur dans notre sélection des plus belles plages de Loire-Atlantique !

Baie de La Baule

Longue de 9 km, la baie de sable fin qui s'étend **de Pornichet au Pouliguen** est considérée comme l'une des plus belles d'Europe. Appréciée des familles pour le calme de ses vagues, elle est prise d'assaut aux beaux jours. Plusieurs plages « Pavillon bleu » (p. 153), surveillées l'été.

Voir visite 7 p. 108.

Plage de Monsieur Hulot (Saint-Nazaire)

Cette plage pleine de charme est dominée par la statue de Jacques Tati. Pavillon bleu, surveillée l'été.

Voir visite 6 p. 102.

Plage de Trébézy (Saint-Nazaire)

Nichée en pleine nature, cette petite plage confidentielle qui disparaît à marée haute ravira ceux qui veulent se tenir à l'écart de la foule. On y accède par le chemin côtier qui, quelques mètres plus loin, donne à voir un beau bouquet de pêcheries typiques.

Voir visite 6 p. 98.

Plage de l'Océan (Saint-Brevin-les-Pins)

Cette ravissante plage bordée d'arbres est le rendez-vous des baigneurs et des amateurs de sports nautiques. À marée basse, l'océan recule de plusieurs centaines de mètres, découvrant une vaste zone d'estran sur laquelle il est particulièrement agréable de se promener, été comme hiver. Pavillon bleu, surveillée l'été.

Voir visite 9 p. 126.

Plage de la Source (Pornic)

Sertie dans un écrin de rochers et ponctuée de pêcheries, cette petite plage de sable blond, qui abrite le centre de

Info marées

L'océan est soumis à la marée, qui peut entièrement transformer un paysage. Renseignez-vous sur le coefficient de marée avant de vous rendre sur la plage de votre choix :

http://maree.info.

Plage de la Source à Pornic

thalassothérapie de Pornic, est tout à fait charmante.

Voir visite 9 p. 129.

Plage de Gohaud (Saint-Michel-Chef-Chef)

Cachée derrière sa dune aux herbes folles, cette petite plage vous enchantera avec ses jolies pêcheries. Elle se prolonge par de petites criques à l'abri des regards. « Pavillon bleu », surveillée l'été.

Voir visite 9 p. 127.

Grande Plage de Tharon (Saint-Michel-Chef-Chef)

Avec son sable fin et ses pêcheries photogéniques, le paysage de cette vaste plage a tout d'une carte postale, particulièrement au coucher du soleil… Fréquentée par un public familial mais aussi par les sportifs, elle est bordée de boutiques et troquets. Pavillon bleu, surveillée l'été.

Voir visite 9 p. 127.

Les pêcheries

Emblématiques du littoral de la Loire-Atlantique, qui en compte environ 200, les pêcheries sont des cabanes de pêcheurs sur pilotis surplombant l'océan à 4 ou 5 m de hauteur.
Grâce à un filet appelé carrelet, on y pêche poissons et crustacés. Certaines peuvent se louer à la journée ou au moment de l'apéro (voir p. 9 et 105), pour une soirée inoubliable en famille ou entre amis!

CLISSON ET LE VIGNOBLE NANTAIS 10

Le vignoble de Nantes ne ravira pas seulement les amateurs d'œnotourisme ! Entre sites naturels et villes pittoresques telles que Clisson, la « belle Italienne », il saura aussi bien convaincre les amoureux de nature que de patrimoine. Notre exploration vous livre un avant-goût de ce vignoble qui s'étend des rives de la Loire au nord de la Vendée… À parcourir sans modération !

Notre-Dame de Clisson et la Sèvre

Voir la carte sur le rabat arrière

1 Clisson✦✦✦

Bienvenue dans la plus italienne des cités de Loire-Atlantique ! Traversée par la Sèvre Nantaise, Clisson est parcourue de rues pavées sinueuses propices aux balades.

Dans la ville haute, ne manquez pas la **rue Tire-Jarret** ni les **halles**, qui comptent parmi les plus vieilles de France (XIVᵉ s., classées monument historique) et abritent un marché les mardis et vendredis matin. Dans la vallée, l'**entrelacs de ruelles** héberge galeries d'art et boutiques d'artisanat.

L'Italie en plein vignoble

Très endommagée pendant les guerres de Vendée en 1793, Clisson fut reconstruite quelques années plus tard sous l'impulsion de deux frères Nantais, **Pierre et François Cacault**, et du sculpteur **François-Frédéric Lemot**. Influencés par leurs séjours en Toscane et à Rome, ils parent les nouveaux bâtiments de tuiles rouges, de brique et d'ouvertures en plein cintre. Cette tradition sera ensuite poursuivie, comme à l'**église Notre-Dame** (fin XIXe s.), dont la construction s'inspire de la basilique Saint-Jean-et-Saint-Paul de Rome.

Le château

La cité se trouvant à la frontière entre la Bretagne et la France, une forteresse défensive fut bâtie dès le XIe s. par la puissante famille des Clisson, qui en fut dépossédée au XVe s. par le duc de Bretagne. Brûlé pendant les guerres de Vendée, le château fut racheté en 1807 par **Lemot**, qui entreprit de le restaurer.

Promenez-vous parmi ses impressionnants vestiges, classés monuments historiques et, comme Flaubert en son temps, laissez-vous subjuguer par la **vue à couper le souffle** sur le village et la vallée de la Sèvre Nantaise.

Pl. du Minage • ☎ 02 40 54 02 22 • grand-patrimoine.loire-atlantique.fr • T.l.j. sf mar., mai-sept. 10h30-18h (t.l.j. en été), oct.-avr. 14h-17h30 ; f. janv. et j. fériés • Vis. guidées : rens. sur le site Internet • Adulte 3 €, réduit 2 € ; gratuit -14 ans et Pass Nantes.

Le domaine de la Garenne-Lemot

En 1805, Lemot, subjugué par la beauté du site, acquiert un vaste espace vert sur la rive droite de la Sèvre et le transforme en un domaine de style italianisant destiné à accueillir ses amis artistes. Flânez dans son **parc de 13 ha**, entre statues, « fabriques » et lieux invitant à la méditation, comme le **temple de Vesta**, en surplomb de la rivière.

Dans la partie supérieure, la **maison du jardinier** (1808-1812), inspirée des maisons fortifiées d'Italie centrale, accueille une exposition permanente retraçant l'histoire du domaine. De la terrasse de la **villa Lemot**, de style néoclassique (ouverte lors des expos temporaires), belle vue plongeante sur la vallée.

*Av. Xavier-Rineau, **Gétigné** (à 3 km de Clisson) • ☎ 02 40 54 75 85 • grand-patrimoine.loire-atlantique.fr • **Villa et maison du jardinier :** entrée gratuite • **Parc :** accès libre t.l.j., avr.-sept. 9h-20h, oct.-mars 9h30-18h30 ; vis. guidées sur résa : adulte 3 €, réduit 2 € ; gratuit -14 ans et Pass Nantes (p. 18).*

Pause italienne : Dolce Caffè

La plus italienne des villes de l'ouest de la France se devait de disposer d'un lieu à la fois chic et accueillant où déguster des focaccias, des pizzas, des tartes salées et des desserts généreux et authentiques. Ne repartez pas sans avoir goûté son fameux tiramisu !

59 *2, pl. Notre-Dame, **Clisson** • ☎ 02 40 04 69 13 • dolce-caffe.fr • Mar.-ven. 12h-15h, sam. 12h-19h, dim. 15h-19h ; vac. scolaires mar.-dim. 12h-19h • Menu à partir de 8 €.*

Dolce Caffè

Le festival du Hellfest

Clisson est mondialement connue pour accueillir chaque année mi-juin l'un des plus gros festivals de musiques extrêmes au monde : le Hellfest. Les plus grandes pointures du heavy metal, du hard rock ou du metal alternatif se bousculent pour jouer sur l'une des six scènes de ce festival qui attire en moyenne 180 000 spectateurs par an.

Le reste de l'année, vous pouvez visiter le site du festival, sorte de musée à ciel ouvert de 14 ha aux décors impressionnants.

Rue du Champ-Louet, ***Clisson*** *• hellfest.fr • Vis. libre du site 7j./7 et 24h/24 en dehors du festival et de sa préparation.*

2 Bords de la Sèvre✦

Sauvage et poétique, la **Sèvre Nantaise**, longue de 140 km, se jette dans la Loire à Nantes après avoir traversé le vignoble. Ses abords offrent d'infinies possibilités de **promenades à pied ou à vélo**.

Une bonne option pour commencer : la **balade cyclable de 8 km** à plat menant de Nantes au site bucolique de la **chaussée des Moines**, à **Vertou**, avec sa digue millénaire. On peut y louer un bateau, car la Sèvre est aussi très agréable à naviguer.

Pour parcourir la rivière en canoë-kayak, rendez-vous à la **base nautique de Pont Caffino** (p. 140) ou bien au **club de canoë-kayak de Clisson** (ckclisson.fr).

Accès libre • Navigation possible depuis Vertou, Pont Caffino ou Clisson.

3 Moulin à papier du Liveau✦

Entièrement rénové en 2015, cet ancien moulin à eau situé au bord de la Sèvre Nantaise accueille une exposition sur la fabrication du papier telle qu'elle s'y pratiquait au XIXe s. Au cours des visites guidées et animées (pendant les vacances scolaires), vous pourrez fabriquer votre propre feuille de papier.

Le Liveau, ***Gorges*** *(à 3 km de Clisson) • 06 16 11 89 50 • lemoulinapapierduliveau.com • Vis. seule 4 €, -12 ans 2 € • Vis. guidées et animées sur résa, adulte 7 €, réduit 5 €, 5-12 ans 3 € ; gratuit -5 ans et Pass Nantes.*

La Sèvre Nantaise à Vertou

4 Musée du Vignoble nantais*

Appellations, cépages, traitement des vignes, vendanges, vinification… Vous saurez tout sur les différentes étapes de la viticulture locale et sur son histoire.

Un conseil : optez pour la **visite guidée**. Les médiateurs – parfois eux-mêmes anciens viticulteurs – sont passionnés et rendent la visite encore plus vivante.

En septembre, des ateliers familiaux invitent à vendanger les ceps de vigne entourant le musée pour repartir avec sa bouteille de jus de raisin.

*82, rue Pierre-Abélard, **Le Pallet** (à 8 km de Clisson) • ✆ 02 40 80 90 13 • musee-vignoble-nantais.eu • Adulte 5 €, réduit 2,50 € ; gratuit -12 ans et Pass Nantes.*

5 Porte-Vue de Château-Thébaud**

Derrière la mairie de Château-Thébaud, le **belvédère** installé par l'architecte Emmanuel Ritz dans le cadre du Voyage à Nantes (p. 36) est une structure de métal longue de 30 m, dont 20 au-dessus du vide, qui se fond dans le paysage granitique. Absorbé par la contemplation de la vallée de la Maine et de la base de loisirs de Pont Caffino, à 30 m en contrebas, on ressent de manière croissante les vibrations parcourant l'édifice. À son extrémité, large d'à peine 1 m, le paysage arboré s'ouvre devant nos pieds, et on se sent prêt à prendre son envol…

*1, pl. de l'Église, **Château-Thébaud** (à 15 km de Clisson par la D59) • levoyageanantes.fr/etapes/le-porte-vue • Accès libre.*

Restos | Bars | Hôtels | Shopping | Activités

Restos Bistrots

Pollen

Petite restauration 57

Cette jolie cantine moderne et accueillante sert essentiellement des plats végétariens, réalisés à partir de produits bio : salades, gratins, tartes, *frittatas*, pitas, currys, etc., à accompagner d'un verre de vin naturel du cru et d'une délicieuse part de tarte.

Une adresse petit budget, juste à côté du château de Clisson.

*3, pl. du Minage, **Clisson** • ✆ 06 88 03 06 19 • pollen-clisson.com • Mar.-sam. 12h-14h • Plat 10 €, dessert 3 €.*

L'Auberge du Château

Bistronomique 58

Avec sa terrasse panoramique surplombant la Sèvre Nantaise, c'est déjà une bonne adresse. On y déguste une cuisine française de qualité, composée surtout de produits locaux et, en dessert,

Granit

d'excellentes créations du pâtissier. Pensez à réserver pour une place en terrasse ou sous la véranda.

*2, rue de la Collégiale, **Clisson** • ☏ 02 40 54 32 08 • aubergeduchateau-clisson.fr • Jeu.-mar. le midi, juin-août aussi tous les soirs, sept.-mai aussi ven. et sam. soir ; f. mer. • Menu entrée-plat-dessert à partir de 34 €.*

VOIR AUSSI P. 137 :

Dolce Caffè 59

Bars, clubs Sorties

Granit

Cave et bar à vins 31

Tenu par deux sommeliers passionnés, Granit met à l'honneur des vins, des bières et des cidres naturels puisés dans le terroir local, ou au-delà. À siroter en terrasse, accompagnés de fromages, charcuteries ou terrines. Ateliers dégustation sur résa à partir de 5 pers. (25 €/pers.).

*29, Grande-Rue-de-la-Trinité, **Clisson** • ☏ 09 75 50 17 81 • lacavegranit.fr • Mar.-sam. 10h-19h sf mer., dim. 10h-12h30.*

Les Pendules à l'heure

Bistrot/brocante 32

Brocante, restaurant, cave à vins... Dans ce lieu hybride et chaleureux, il n'est pas rare que l'on vienne pour boire un verre… et que l'on reparte avec de la déco vintage ! Petite restauration maison et planches à partager accompagneront agréablement votre verre de vin de Loire ou de muscadet.

*3, pl. des Douves, **Clisson** • ☏ 02 40 69 03 90 • Mar.-sam. 10h-19h, dim. 10h-13h ; f. jeu. • Menu midi à partir de 13 €.*

Activités Détente

Base de loisirs nature de Pont Caffino

Une grande variété d'activités pour enfants et adultes dans cette base de loisirs nichée dans un écrin de verdure en bord de Maine : escalade, canoë-kayak, tyroliennes, tir à l'arc, équitation, VTT… De quoi se dégourdir les muscles ou faire le plein de sensations dans un cadre naturel d'exception !

***Maisdon-sur-Sèvre** (à 19 km de Nantes) • ☏ 02 40 06 54 07 • pontcaffino.fr • 9,50-12,50 € selon l'activité de 1h30 à 2h.*

LE VIGNOBLE À VÉLO

Le vignoble nantais offre un cadre naturel propice aux balades, à pied ou à vélo. Que vous cherchiez à vous fondre dans la verdure entre vignes et marais, à suivre le cours de la Sèvre Nantaise ou de la Maine, ou encore à vous émerveiller devant un riche patrimoine bâti de châteaux et de villes typiques..., il y a forcément un itinéraire fait pour vous !

Les itinéraires « Vignoble à vélo »

Le « Vignoble à vélo », ce sont **cinq boucles interconnectées**, de 9 à 32 km, qui forment un réseau balisé de 100 km à travers les vignes. Pensez à réserver une visite de cave afin de coupler le charme de cette balade avec les plaisirs d'une dégustation de muscadets bien frais !

Itinéraires à télécharger gratuitement sur levignobledenantes-tourisme.com/la-rando

À vos bicyclettes, et en avant pour un grand bol d'air !

Entre villes et terroirs

Ce circuit parmi les vignes vous ouvre les portes des charmants villages de **Mouzillon** et de **La Chapelle-Heulin**, avant de vous conduire au **château de la Noé de Bel Air**, classé monument historique, et enfin à **Vallet**, l'une des capitales du muscadet.

Départ et arrivée : Mouzillon • 21 km.

Entre Sèvre et marais

Vous découvrez tout d'abord le **château de la Galissonnière**, puis le village de **La Chapelle-Heulin**. Admirez ensuite les paysages naturels du **marais de Goulaine**, site naturel classé Natura 2000. De retour au **Pallet** par les vignes, ne manquez pas le **musée du Vignoble** (p. 139).

Départ et arrivée : Le Pallet • 32 km.

Retour à Clisson

Cet itinéraire linéaire à travers les vignes permet de relier Le Pallet à Clisson. Notre favori pour profiter des beautés du vignoble avant de se laisser envoûter par Clisson (p. 136), la belle Italienne !

Départ : Le Pallet, arrivée : Clisson • 11 km • 1h20.

Le vignoble à pied

Vous préférez la randonnée pédestre ? Alors vous vous laisserez peut-être tenter par tout ou partie du GR de Pays Sèvre et Maine, qui longe les coteaux couverts de vignes, traversés par la Sèvre et la Maine.

Infos : mongr.fr.

LES VINS DE NANTES

Le vignoble nantais fait partie de celui du Val de Loire, troisième plus grande région française en AOC. Il s'étend au sud de Nantes, jusqu'à la frontière vendéenne, remonte à l'est et traverse la Loire. On y produit presque exclusivement des vins blancs : gros-plant, grolleau, côteaux d'ancenis..., et surtout le célèbre muscadet, qui représente 85 % de sa production.

Le muscadet, star du vignoble

Vin blanc frais et sec, issu du cépage melon de bourgogne, le muscadet se décline en **quatre AOC** : Coteaux de la Loire, Sèvre et Maine, Côtes de Grandlieu et Muscadet tout court. Ce vin emblématique du vignoble nantais est la première AOC du Val de Loire en volume.

L'élevage sur lie

La mention « sur lie » est une spécificité du muscadet. Elle signifie que le vin, lors de la vinification, a été en contact prolongé (6 mois, un an, voire plus) avec son dépôt naturel de levure. Au final, ce procédé affine les arômes, autour de notes d'agrumes et iodées. Il donne au vin un côté perlant et prolonge sa conservation.

Grands vins de garde

Longtemps considéré comme un vin dont la seule vocation était de rafraîchir les gosiers des amateurs de fruits de mer, le **muscadet** développe depuis plusieurs années des **vins de garde**, à accorder avec des plats raffinés : viandes blanches, poissons fins, voire mets d'exception comme le foie gras. **Neuf crus communaux** ont ainsi été créés : élevés longuement (minimum 18 mois), ils expriment les spécificités de leurs terroirs d'origine et peuvent se conserver facilement une dizaine d'années.

Caves et label qualité

Outre les dégustations et animations proposées de juin à octobre avec les **Caves étonNantes** (encadré ci-contre), une quarantaine de caves organisent toute l'année des **visites avec dégustation**. À réserver impérativement avant votre venue pour vous assurer de la disponibilité des vignerons.

De manière plus générale, vous pouvez identifier les établissements (caves, restaurants, etc.) proposant une **expérience touristique authentique** et de qualité et valorisant les richesses du vignoble et du patrimoine local grâce au label « **Vignobles & Découvertes** ».

Liste des établissements labellisés : tourisme-loireatlantique.com/vignobles-et-decouvertes.

« I Love Muscadet »

Ce sticker permet de reconnaître les établissements nantais qui affichent au moins cinq muscadets différents sur leur carte.

Nos deux caves préférées

Château de la Cassemichère

Les plus du domaine : 43 ha de vignes autour d'une bâtisse de 1601, un parcours de visite interactif et des caves aux voûtes remarquables.

📞 02 40 06 74 07 • chateaucassemichere.com • Vis. guidées avec dégustation lun.-sam. 9h-12h30 et 14h-18h • 7 €/pers. • Sur résa.

Château du Coing

Les plus du domaine : 75 ha de vignes à la confluence de la Sèvre et de la Maine autour d'un château des XVe et XIXe s., dégustation de crus millésimés.

📞 02 40 54 85 24 • vgc.fr • Vis. guidées avec dégustation avr.-sept. lun.-sam. 10h-12h30 et 14h-17h30 • Sur résa • Plein tarif 8 €, réduit 5 € ; gratuit -16 ans.

Œnotourisme

Le vignoble nantais s'anime toute l'année au rythme d'événements pour petits et grands. Il dispose d'un musée au Pallet (p. 139), entouré d'un conservatoire des espèces où des ateliers sont organisés en septembre : on y vendange en famille et on produit son propre jus de raisin.

De juin à octobre, l'office de tourisme du vignoble propose les « Caves étonNantes », un programme d'animations ludiques pour découvrir les vins du cru et aller à la rencontre des vignerons : visites sous forme de jeu de piste, d'*escape game* ou de *murder party*, repas avec accord mets et vins, dégustations à l'aveugle...

Programme des Caves étonNantes et adresses des caves : levignobledenantes-tourisme.com.

ORGANISER SON WEEK-END

Barbecues à disposition en été sur la terrasse des Vents, sur l'île de Nantes

Quand partir ?

La meilleure période pour visiter Nantes, le vignoble et la côte s'étend d'**avril à fin septembre**. Le climat y est généralement doux.

Les mois de **juillet** et **août** accueillent le temps fort culturel de l'année : **Le Voyage à Nantes** (p. 36). L'été est également la meilleure période pour profiter des **plages**, mais attention à la foule ! Privilégiez les coins plus sauvages (criques…) plutôt que les plages très fréquentées comme La Baule ou Pornichet, à apprécier plutôt hors saison.

De **juin à octobre**, le programme des **Caves ÉtonNantes** est un incontournable du vignoble nantais, avec de nombreuses animations et dégustations (p. 143).

Comment y aller ?

En train

Le TGV Atlantique relie Nantes à Paris en 2h10. La ligne se prolonge vers Saint-Nazaire, Pornichet, La Baule et Le Croisic. Le TER permet aussi de rejoindre plusieurs villes de la côte depuis Nantes (p. 149).

oui.sncf.fr • ter.sncf.com/pays-de-la-loire.

La **gare de Nantes**, réaménagée en 2020, comporte deux accès : nord (avec la ligne de tram 1) et sud (bus C2, C3 et C5 et navette aéroport). Le centre-ville est à 5 min par le tram, 20 min à pied.

En voiture

De Paris, Nantes est à 390 km, pour 3h45 de voiture via l'A11.

En avion

Il existe de nombreuses liaisons entre Nantes et les grandes villes françaises (une quinzaine, dont Paris, Lille, Marseille, Lyon, Toulouse, Strasbourg) et européennes.

L'**aéroport Nantes-Atlantique** est situé à Bouguenais, au S-O de Nantes. Comptez 20 à 35 min de taxi depuis le centre, suivant la circulation, et 20 min jusqu'à la gare avec la navette Tan.

Aéroport Nantes-Atlantique : ☎ 0 892 568 800 (0,40 €/min) • nantes.aeroport.fr
Navette aéroport : tan.fr • 7j./7 • 9 € le trajet.

Applis utiles

- **Tan** : l'appli des transports en commun nantais : réseau, horaires et tickets dématérialisés (mticket).
- **Nantes dans ma poche** : pour l'info trafic, les places de parking disponibles, les horaires (piscines, bibliothèques…), les séances de ciné, les stations de Bicloo, la qualité de l'air…
- **Baludik** : parcours touristiques gratuits et ludiques, à suivre seul ou en famille. Exemples de thématiques à Nantes :

graffitis, fleurs de Nantes, l'Erdre et ses châteaux, le parc des Chantiers... Plusieurs parcours également disponibles dans le vignoble nantais et sur la côte.

- **Destineo** : calcule les itinéraires pour tous vos déplacements en transports en commun, à vélo ou en voiture dans la région Pays de la Loire.
- **CoopCycle** : retrouvez dessus Naofood, le service de livraison de repas à vélo et éthique dans le centre de Nantes.
- **Imagina** : à Pornic (voir p. 128).

Où dormir ?

Nantes offre un vaste choix d'hôtels, de résidences hôtelières, de chambres d'hôtes, d'auberges de jeunesse... Nous vous conseillons de privilégier un hébergement dans le centre-ville (quartiers Centre, Bouffay, voire gare), plus pratique pour vos visites et bien desservi par les transports en commun.

Attention, les **bus de nuit** ne passent pas fréquemment : si vous souhaitez sortir le soir, privilégiez la proximité avec les lignes de tram.

Hébergements insolites

Vous rêvez de passer la nuit dans un hébergement vraiment unique, qu'il soit sur l'eau, perché sur une cheminée ou conçu en microarchitecture ? Le Voyage à Nantes propose une douzaine de « chambres d'artistes » à Nantes et à proximité.

nantes-tourisme.com/fr/chambres-d-artistes.

Se déplacer à Nantes

En transports en commun

Le réseau de transports en commun nantais (**Tan**) est **gratuit le week-end** (hors navette aéroport) et pour les enfants accompagnés de moins de 6 ans.

Il compte **3 lignes de tram** (lignes 1, 2, 3), plusieurs **lignes de bus rapides** et à haute fréquence – les **Busway** (lignes 4 et 5) et les **Chronobus** (lignes commençant par un C) –, une quarantaine de **lignes de bus classiques** et **3 lignes de navettes fluviales Navibus** (lignes N1, N2, N3).

La montée s'effectue par l'avant, sauf dans les trams et les Busway.

La station la plus centrale est **Commerce**. Les 3 lignes de tram y passent, ainsi que de nombreuses lignes de bus.

Infos : tan.fr.

Titres de transport

Offre et prix : voir ci-après.

Espace mobilité Tan : 2, allée Brancas, Nantes (station Commerce) • Lun.-ven. 9h30-18h, sam. 9h30-17h30.

Titres de transport tram et bus	
Points de vente	Dans les distributeurs en station, à l'Espace mobilité et chez certains commerçants. Le ticket 1h est également vendu à bord des bus (majoration de 30 cts/ticket).
Ticket 1h	À l'unité : 1,70 € ; carnet de 10 : 15,60 €.
Ticket 24h Solo	5,80 € ; accès illimité au tram et au bus pendant 24h.
Ticket 24h 4 pers.	10 € ; même prestation que le ticket Solo mais valable pour 4 pers.

Accès à l'île de Nantes

Pour accéder à l'ouest de l'île, là où sont notamment situées les Machines de l'île (quartier 3, p. 55), vous pouvez soit traverser la Loire à pied depuis la ligne 1 du tram (au pont Anne-de-Bretagne, près de l'arrêt Chantiers navals, ou par la passerelle Schœlcher, près de l'arrêt Médiathèque), soit prendre les **tram 2 ou 3**, puis changer à l'arrêt Vincent-Gâche pour la **ligne 5**, direction Hangar à bananes. Pour les Machines de l'île, descendre à l'arrêt Prairie-au-Duc.

Accès à Chantenay

Pour rejoindre le Bas-Chantenay (quartier 4, p. 70 : Jardin extraordinaire, parcours des sept belvédères, musée Jules-Verne, etc.), vous pouvez soit marcher env. 10 min depuis l'arrêt de tram 1 Gare maritime, soit changer à cet arrêt et finir par le bus 81 en descendant à l'arrêt Carrière-Misery.

En voiture

Stationnement

Une partie du centre-ville étant piétonnier, il n'est pas simple de s'y garer. Renseignez-vous auprès de votre hébergement pour connaître les parkings à proximité.

À l'entrée de l'agglomération de Nantes, **62 parkings P+R** proches de stations de bus ou de tram sont accessibles (42 gratuits, 20 payants).

Voitures en libre-service

Marguerite, ce sont des voitures en libre-service disponibles 24h/24 dans 50 stations à Nantes. Formule Liberté 10 €/h, stationnement gratuit à Nantes et carburant inclus. Souscription et réservation du véhicule directement sur l'appli mobile **iMarguerite/ Marguerite autopartage**.

325, rue Marcel-Paul, Nantes gare sud • imarguerite.com • ☎ 02 40 58 44 14 • Agence accessible pour rens. lun.-ven. 9h-13h, et sur rdv l'ap.-m.

À vélo

Vélos en libre-service

Bicloo, ce sont 1 230 vélos en libre-service, dans 123 stations à Nantes. Formules BiclooPlus 1 j. à partir de 2 €, ou 3 j. à partir de 5 € (suppléments au-delà de la 1re demi-heure de chaque trajet). Souscription et réservation du vélo directement sur l'application mobile Bicloo.

☏ 01 30 79 33 44 • bicloo.nantesmetropole.fr • Accessible 7j./7 et 24h/24.

Location de vélo à Nantes

Bike'n Tour

19, rue Jean-Jaurès • ☏ 06 52 62 94 64 • bikentour.com • 9h30-12h30 et 14h30-18h • Demi-journée à partir de 15,50 €.

Détours de Loire

Péniche Drôle de barge, *quai Malakoff Nantes • ☏ 02 55 10 11 74 • detoursdeloire.com • Avr.-sept. lun-sam. 9h30-12h30 et 16h-18h30 ; dim. et j. fériés 9h30-12h30 et 17h30-19h • Demi-journée à partir de 14 €.*

1jour1vélo

Livré sur Nantes et sa métropole • ☏ 07 71 79 43 11 • 1jour1velo.fr • Demi-journée à partir de 18 €.

Paulette

18, bd de Berlin • ☏ 02 28 49 52 28 • paulette.bike • Avr.-déc. mar.-sam. 9h30-12h et 14h-18h30 ; f. mar. et mer. ap.-m. en avr. • Demi-journée à partir de 11 €.

L'îlot familles

Île de Nantes, site des Chantiers • Location de vélos, triporteurs, tandems... • ☏ 07 60 22 74 81 • ilot-familles.com • À partir de 5 €/h, 10 € la demi-journée.

Train + vélo

Possibilité pour les voyageurs munis d'un titre de transport dans un TER de la région Pays de la Loire d'emmener gratuitement leur vélo avec eux.

Voir conditions sur ter.sncf.com/pays-de-la-loire/gares/pap/velos-a-bord-trains.

Bateaux sans permis

Floating

Île de Versailles, côté est • ☏ 07 68 71 86 20 • floating-nantes.com • Avr. mar.-dim., mai-oct. t.l.j. • Horaires variables, voir le site web • À partir de 29 € pour 1h (bateau 5 places).

Ruban vert

Île de Versailles, côté ouest • rubanvert.fr • T.l.j. avr.-sept. et vac. de Toussaint • Horaires variables, voir le site web • Location de bateaux uniquement • À partir de 25 € pour 1h (bateau 3 places).

Se déplacer sur la côte

En voiture

Se rendre sur la côte en voiture permet d'explorer facilement plusieurs villes balnéaires. **Pornic** est à 50 km (45 min) du centre de Nantes, **Saint-Nazaire** à 65 km (50 min), **La Baule** à 77 km (1h).

En train

Le TER vous amène de Nantes aux plages ! Il dessert les villes suivantes : **Pornic**, **Saint-Nazaire**, **Pornichet**, **La Baule**, **Le Pouligen**, **Batz-sur-Mer** et **Le Croisic**.

Exemples : Nantes-Saint-Nazaire à partir de 37 min/10 € ; Nantes-La Baule à partir de

53 min/12 € (certains TGV desservent également Saint-Nazaire et La Baule) ; Nantes-Pornic à partir de 1h/8 €.

ter.sncf.com/pays-de-la-loire/loisirs/balades/plages.

L'été, des forfaits et offres TER sont parfois proposés à des prix avantageux. À surveiller sur : *ter.sncf.com/pays-de-la-loire.*

En bus

De Nantes à Saint-Nazaire

On peut se rendre sur la côte atlantique depuis Nantes en **bus Aleop**. Si le tarif est intéressant (adulte 2,40 €, réduit 1,20 €), il faut néanmoins avoir beaucoup de temps devant soi.

Exemples de lignes : 303 pour aller à Pornic ; 350 et 244 pour Saint-Nazaire (changement à Savenay) ; 301 et 316 pour Saint-Brevin (changement à Paimboeuf).

aleop.paysdelaloire.fr.

À Saint-Nazaire

Le réseau de transports en commun est le **Stran**. Titres en vente à l'Espace mobilité, aux distributeurs de tickets, chez certains commerçants et sur le site Internet : **ticket 1h** 1,40 € ; **carnet de 10 tickets** 11 € ; **billet Liberté** (24h) 3 € ; **billet Équipage** (5 pers., 24h) 5 €.

Le ticket 1h peut également être acheté à bord des bus, avec une majoration de 40 cts.

La **navette ZéniBus** dessert gratuitement le centre-ville (passage toutes les 30 min).

Espace mobilité, 6 pl. Sémard • ✆ 02 40 00 75 75 • stran.fr • Lun.-ven. 7h30-18h45, sam. 9h-12h et 13h30-17h.

Ticket combiné

Le **ticket Métrocéane** peut être utilisé sur les réseaux Tan (Nantes), Stran (Saint-Nazaire), Aleop (Loire-Atlantique), Lila Presqu'île (presqu'île de Guérande) et sur le réseau TER de Loire-Atlantique.

À partir de 5,80 € le forfait journée 2 zones.

À vélo

Location de vélo

La Baule locations

*11, av. Georges-Clemenceau, **La Baule** • ✆ 06 14 64 02 27 • velocouest.fr • Avr.-oct. 9h-19h • Demi-journée à partir de 9 €.*

Vélyceo

*8, pl. Pierre-Sémard, **Saint-Nazaire** (parvis de la gare) • ✆ 0 800 105 110 • velyceo.com • Lun.-ven. 9h-12h45 et 13h30-18h30, sam. 9h30-12h30 • Demi-journée à partir de 5 €.*

Proxi location de cycles

*25, av. de Mindin, **Saint-Brevin-les-Pins** • ✆ 02 40 39 02 02 • proxilocationvelos-stbrevinlespins.fr • Demi-journée à partir de 10 €.*

Cap en liberté

*11, allée de la Tour-Carrée, **Saint-Brevin** • ✆ 06 84 24 52 94 • facebook.com/capenliberte*

Sea, Bike & Sun

*23, quai du Commandant-L'Herminier, **Pornic** • ✆ 02 51 18 16 37 • sea-bike-and-sun.fr • T.l.j. 10h-12h30 et 14h30-19h • Demi-journée à partir de 13 €.*

Se déplacer dans le vignoble

En voiture

C'est le moyen de transport le plus pratique pour explorer le vignoble nantais : vous pourrez vous déplacer aisément d'une exploitation viticole à une autre. Depuis Nantes, comptez 35 min de route à travers les vignes. Suivez les panneaux « **Le Voyage dans le vignoble** » pour trouver les œuvres du Voyage à Nantes disséminées en chemin.

En train

Le TER vous amène de Nantes à Clisson à partir de 4 €/pers. (16 trajets/j., durée 15 à 29 min). Un moyen rapide et économique de se déplacer, à coupler à Clisson avec la location d'un vélo ou d'une voiture pour explorer le vignoble.

oui.sncf.fr.

En bus

Vous pouvez vous rendre dans le vignoble depuis Nantes en **bus Aleop**. La **ligne 304** vous conduira en 2h de Nantes à Clisson.

aleop.paysdelaloire.fr • Adulte 2,40 €, réduit 1,20 €.

À vélo

Talbicyclette

*18, venelle de l'Escarpe, **Clisson** • ☎ 02 28 21 64 99 • talbicyclette.fr • Mar.-mer. et ven.-sam. 10h-12h et 14h-18h30, jeu. 10h-13h • Demi-journée à partir de 8 €.*

En bateau et canoë-kayak

Ruban vert

*Chaussée des Moines, **Vertou** • Location de bateaux électriques sans permis • ☎ 06 76 82 23 32 • rubanvert.fr.*

Canoë-kayak Clisson

*Le Moulin de Plessard, **Clisson** • ☎ 02 40 54 39 59 • ckclisson.fr.*

Canoë-kayak Château-Thébaud

*Base de loisirs Pont Caffino, **Maisdon-sur-Sèvre** • ☎ 02 40 06 54 07 • canoekayak.alct44.org.*

Les Pass

Nantes

Trois pass existent : le **Pass Nantes** (valable aussi pour certains musées et sites de Saint-Nazaire et du vignoble), le **Pass inter-musées** et le **Pass Musée** : **voir p. 18.**

Saint-Nazaire

Trois pass de visites sont proposés par l'office de tourisme de la ville. On peut se les procurer dans les billetteries de la base sous-marine, de l'écluse fortifiée et de l'Écomusée :

- **PassPort 4 sites :** Écomusée + Escal'Atlantic + sous-marin *Espadon* + EOL Centre éolien.
  Adulte 25 €, 4-17 ans 12,50 €.
- **Pass Patrimoine :** Écomusée + une visite guidée de la ville.
  Adulte 10 €, réduit 8 €, 4-17 ans 5 €.

◗ **Forfait Escal'** : Escal'Atlantic + une visite industrielle au choix (Chantiers de l'Atlantique, Airbus ou grand port maritime).

Adulte 25€, 4-17 ans 12,50€.

Principaux marchés

Marchés alimentaires

À Nantes

Marché de Talensac (plan p. 81) : 164 producteurs et commerçants dans une halle de 1937. À tester : la dégustation d'huîtres (voir p. 7).

Rue Talensac • ☎ 02 40 41 94 18 • marche-talensac.fr • Mar.-ven. 8h-13h, jeu. jusqu'à 17h), sam.-dim. 8h-13h30 ; ouv. lun. si férié.

À Saint-Nazaire

Pl. du Commerce • Mar., ven. et dim. matin.

À La Baule

Marché central :

Pl. des Gourmets • labaule.fr • T.l.j. le matin sauf le lun. en automne et en hiver, hors vacances scolaires.

Au Croisic

Pl. Dinan • tourisme-lecroisic.fr • Jeu. matin.

À Saint-Brevin-les-Pins

Marché des Pins :

Pl. Henri-Baslé • ☎ 02 40 64 44 • saint-brevin.com • Jeu. et dim. matin.

À Pornic

Halles couvertes, élevées en 1609 et remaniées au XVIIIe s.

Pl. des Halles • ☎ 02 40 82 04 40 • pornic.com • Jeu. et dim. 8h-13h.

Autres marchés

À Nantes

Puces de Viarme :
puces, antiquités, brocante.

Pl. Viarme • ☎ 02 40 41 94 18 • Sam. 8h-13h.

Marché du livre ancien et d'occasion :
entre 8 et 15 bouquinistes.

Pl. de la Bourse • Mar. 13h-19h.

Puces de Sainte-Croix :
livres, disques, petite brocante (4 exposants).

Pl. Sainte-Croix • ☎ 06 87 04 05 • Mar.-sam.

Nantes gratuit

◗ **Les transports en commun** le week-end.

◗ **Les œuvres d'art sur l'espace public** en suivant la ligne verte du Voyage à Nantes (p. 36).

◗ **Les 5 musées métropolitains** (voir p. 18) le 1er dimanche du mois hors juil.-août.

◗ **Sites en accès libre** : le passage Pommeraye, les remparts du château des ducs de Bretagne, les quais de l'île de Nantes, le Jardin des plantes, le Jardin extraordinaire, les bords de l'Erdre, l'île de Versailles…

Labels de qualité

Villes et Pays d'art et d'histoire

Nantes, Guérande, Saint-Nazaire et le **Pays du vignoble nantais**sont titulaires de ce label qui est attribué par le ministère de la Culture aux villes et pays attachés à la valorisation de leur patrimoine et qui proposent des visites découvertes, des ateliers pédagogiques, etc.

Villes et Villages fleuris

Nantes est connue pour la qualité de son fleurissement. Elle dispose du très envié label « **Quatre Fleurs** », de même que **La Baule, Pornichet** et **Saint-Brevin**.

villes-et-villages-fleuris.com.

Pavillon bleu

En 2020, le port de plaisance de La Baule-Le Pouliguen a reçu le label de qualité Pavillon bleu, de même qu'une vingtaine de plages de la région (encadré).

Vignobles & Découvertes

Ce label identifie les vignerons, restaurateurs, hôtes ou guides qui valorisent une expérience touristique authentique et de qualité, alliant les richesses du vignoble à celles du patrimoine local (voir aussi p. 143).

tourisme-loireatlantique.com/vignobles-et-decouvertes.

Belles eaux

Plages ayant reçu le label Pavillon bleu en 2020 :

- **La Baule-Escoublac :** plages faisant face à l'avenue du Général-de-Gaulle, à l'avenue de la Grande-Dune et à l'esplanade Benoît.
- **La Baule-Le Pouliguen**
- **La Turballe :** plages des Bretons 1, de Pen Bron (VVF) et de Ker Élisabeth.
- **Préfailles :** plages de l'Anse du Sud et de Port-Meleu.
- **Pornichet :** plages de Bonne Source, de Sainte-Marguerite et des Libraires.
- **Saint-Brevin-les-Pins :** plages de l'Ermitage, des Rochelets et de l'Océan.
- **Saint-Michel-Chef-Chef :** Grande Plage de Tharon, plages de Gohaud, de la Rousellerie et du Redois.
- **Pornic :** plages de la Birochère, de l'Étang, de la Noëveillard, du Porteau et du Portmain.
- **Saint-Nazaire :** plages de Monsieur Hulot et de la Courance (Saint-Marc-sur-Mer), plage des Jaunais.

Principales fêtes et manifestations

Janvier

La Folle Journée (Nantes)

Ce festival de musique classique plébiscité accueille chaque année près de 300 concerts sur 5 jours.

Fin janv.-début fév. • follejournee.fr.

Mars

Braderie de Nantes

L'espace d'une journée dans les rues du centre-ville, l'occasion de faire de belles affaires !

Fin mars-début avr. • metropole.nantes.fr.

Mi-carême (Nantes)

Le carnaval de Nantes est la fête populaire par excellence avec défilés, grosses têtes, fanfares...

Fin mars-déb. avr. • carnavalnantes.wixsite.com/carnaval-de-nantes.

Mai

La Déferlante de printemps (Saint-Brevin, Pornic, etc.)

Dix stations balnéaires du littoral proposent un programme de spectacles d'arts de rue.

W.-e. de l'Ascension • ladeferlante.com.

Les Mascarades de Clisson

Pendant 2 j., Clisson l'Italienne se prend pour Venise : grande parade costumée et masquée, concerts, animations...

Mairie-clisson.com.

Juin

Montmartre à Clisson

Pendant 2 j. début juin, Clisson se transforme en galerie d'art à ciel ouvert : rencontres avec des artistes, ateliers d'arts plastiques, guinguette...

levignobledenantes-tourisme.com.

Fête médiévale de Guérande

Le temps d'un week-end, Guérande fait revivre son passé médiéval avec défilés costumés, spectacles de musique, de théâtre, foire médiévale, animations équestres...

Début juin • facebook.com/fetemedguerande.

Hellfest (Clisson)

Le plus grand festival de musiques extrêmes d'Europe (voir p. 138).

4 j., vers le 20 juin • Hellfest.fr.

Festi'vent (La Turballe)

Ce festival poétique et gratuit accueille la crème des cerfs-volistes français pour des démonstrations, mais aussi des baptêmes nautiques et des animations.

Fin juin • festivent44.com.

Juillet

Le Voyage à Nantes

Ce temps fort culturel et artistique nantais dévoile chaque

été un parcours visible dans toute la ville (voir p. 36).

Début juil. à mi-août • levoyageanantes.fr.

Aux heures d'été (Nantes)

Les cultures d'ici et d'ailleurs sont mises à l'honneur avec des animations en plein air variées et familiales : concerts, spectacles, lectures...

Juil. et août • auxheuresete.com.

La Déferlante (Saint-Brevin, Pornic, etc.)

Programme de spectacles d'arts de rue, de cirque, de musiques actuelles, etc. dans 10 stations balnéaires du littoral. Existe aussi au printemps (en mai).

Juil. et août • ladeferlante.com.

Les Ailes bleues (Pornic)

Événement aéronautique avec spectacle aérien de la Patrouille de France.

facebook.com/PornicLesAilesBleues.

Les Escales (Saint-Nazaire)

Festival de musiques du monde traditionnelles et contemporaines, aux accents pop, rock, électro... Rassemble 40 000 festivaliers pendant 3 j. sur le port de Saint-Nazaire.

Fin juil. • festival-les-escales.com.

Août

Les Celtiques de Guérande

Concerts, animations, fest-noz célèbrent les cultures celte et bretonne (près de 500 artistes).

5 j. mi-août • bro-gwenrann.org/lesceltiquesdeguerande.

Festival pyrotechnique international de Saint-Brevin

Cet événement gratuit met en compétition trois pointures du spectacle pyrotechnique : un régal pour les yeux !

Fin août • saint-brevin.com.

Les Rendez-vous de l'Erdre

Festival de jazz et belle plaisance sur les bords de l'Erdre, de Nantes à Nort-sur Erdre. Près de 80 concerts gratuits en une semaine.

Dernier w.-e. d'août • rendezvouserdre.com.

Septembre

Scopitone (Nantes)

Ce festival transdisciplinaire est la rencontre entre la musique, l'image, le spectacle vivant et les arts numériques.

stereolux.org.

Octobre

Les Muscadétours (vignoble)

3 j. de découvertes culinaires le 1er w.-e. du mois à travers des repas en accord mets et vins dans des lieux mystères du vignoble nantais.

levignobledenantes-tourisme.com.

Les Utopiales (Nantes)

Festival international de science-fiction mêlant littérature, cinéma, bande dessinée, jeux vidéo...

Fin oct. • utopiales.org.

INDEX

INDEX DES ACTIVITÉS

Balades sur l'eau

À cheval

À deux-roues

Découverte des traditions

Do It Yourself

Jeux

Pêche

Randonnées pédestres

Sports nautiques

Crédit photographique

Couverture

Port du Croisic © **Hemis/Franck Guiziou.**

Intérieur

AdobeStock : altitudedrone p. 97 (*Serpent d'Océan* de Ping Huang, © ADAGP, Paris, 2021) • aterrom p. 111 • Brad Pict p. 3 bas • Didier San Martin p. 106 • DreanA p. 8 ht et 123 • Florence Piot p. 14, 27, 98 et 135 • guitou60 p. 5 ht et 9 mil. • isabelle dupont p. 113 • jef77 p. 9 bas • juanjo_crj p. 95 • kevin_guillois p. 4 mil. • lemelangedesgenres p. 52 • Leonidas p. 126 • Mathieu p. 66 • Meussieux Gilles p. 114 et 138 • nool p. 1 • Oleksandr p. 136 • PackShot p. 102 • savoieleysse p. 9 ht et 15 • sdecoret p. 5 bas • skyandsun p. 8 mil. • Thomas Pajot p. 82 • TTstudio p. 13 • William Allegre p. 78 et 79 • YVO-Photos p. 70.

Age Fotostock : Javier Larrea p. 3 ht • DEA/G. Dagli Orti p. 4 ht • Fine Art Images p. 83 • Philippe Michel p. 93 • David Lyons p. 128.

Claire Faurie : p. 4 bas, 7 ht, 7 bas, 10 ht et mil., 11 mil., 29, 30, 33, 34, 35, 36, 45, 47, 49, 51, 53, 62, 65 et 113.

Hemis : Alamy/Guy Banville p. 73 • Frances-Wysocki p. 115 • Bertrand Gardel p. 7 mil., 20, 80, 85, 89, 91 et 145 • Franck Guiziou p. 124 • Hervé Lenain p. 58, 86 et 96 • Francis Leroy p. 108 • Ludovic Maisant p. 109 • Tuul & Bruno Morandi p. 11 bas • Bertrand Rieger p. 25, 37, 38 et 67.

René Mattes : p. 3 mil., 40-41, 42, 44, 54, 60, 72, 110 et 118.

Shutterstock : Alphapicto p. 100-101 et 104 • Chantal de Bruijne p. 120 • kateafter p. 23 Lock and Mary photography p. 5 mil. • Nicolas ELIE p. 107 • Saiko3p p. 69 • Thomas Pajot p. 17.

Nous adressons tous nos remerciements aux établissements suivants pour nous avoir permis de reproduire leurs photographies :

Atlantide 1874 © Francis Guillard p. 75 • **La Civelle** © Élisabeth Leduc p. 75 • **Dolce Caffè** © Nicolas Rossi p. 137 • **Granit** © Fred Radideau p. 140 • **Faïencerie de Pornic** © Mélanie Chaigneau p. 132 • **La Fontaine aux Bretons** © le photographe du dimanche p. 131 • **Fromagerie du Curé Nantais** © Dominique Masson p. 133 • **Henry et Henriette** © Henry & Henriette p. 50 • **Little Atlantic Brewery** © David Gallard p. 11 ht, © Quentin Fouan p. 76 • **Océarium du Croisic** © Valéry Joncheray p. 125.

Notre auteure, Claire Faurie,

est Nantaise depuis 2003, et passionnée d'écriture et de photographie. Amoureuse de Nantes et de sa région, elle adore dénicher de nouvelles idées de sorties et de jolies adresses. Depuis 10 ans, elle partage régulièrement ses idées de balades, ses coups de cœur et ses bons plans sur son blog Nantaise.fr.

Hachette Tourisme

Direction : Sidonie Chollet
Direction éditoriale : Cécile Petiau
Édition : Joël Ambroggi, Marine Barbier-Blin, Béatrice Hemsen-Vigouroux, Catherine Laussucq, Émilie Lézénès, Géraldine Péron, Adam Stambul
Lecture-correction : Fabienne Texier-Pinson
Ont également collaboré à cet ouvrage : Joséphine Bonneau et Marion Vergnolle
Cartographie : Frédéric Clémençon et Aurélie Huot
Fabrication : Liza Sacco
Conception graphique de la couverture et de la maquette intérieure : Minsk Studio
Illustrations : Minsk Studio
Contact presse : rmazef@hachette-livre.fr • 01 43 92 36 66
Contact publicité et partenariats : partenariat-tourisme@hachette-livre.fr

Tous nos remerciements à Antoine Béon pour son aide et son regard avisé sur la direction artistique de la collection.

L'auteure tient à remercier Le Voyage à Nantes, les offices de tourisme du Vignoble de Nantes et de Saint-Brevin Sud Estuaire, Destination Pornic, Saint-Nazaire Renversante et Loire-Atlantique Développement pour leur aide et leurs précieux conseils.

Aussi soigneusement qu'il ait été établi, ce guide n'est pas à l'abri de changements de dernière heure, d'erreurs ou d'omissions. Ne manquez pas de nous faire part de vos remarques. Informez-nous aussi de vos découvertes personnelles, nous accordons la plus grande importance au courrier de nos lecteurs : weekend@hachette-livre.fr

Édité par Hachette Livre (58, rue Jean-Bleuzen, CS 70007, 92178 Vanves Cedex)
Imprimé par Polygraf (Capajevova 44, 08199 Presov, Slovaquie)
Achevé d'imprimer : juin 2021
ISBN : 978-2-01-714002-3 • 25-4175-6
Dépôt légal : juillet 2021 • Collection n° 31 • Édition : 01